MARCO POLO

BAHAMAS

Reisen mit
Insider-Tips

Diese Tips sind die ganz speziellen Empfehlungen unserer Autoren. Sie sind im Text gelb unterlegt.

Sechs Symbole sollen Ihnen die Orientierung in diesem Führer erleichtern:

★ *für Marco Polo Tips – die besten in jeder Kategorie*

für alle Objekte, bei denen Sie auch eine schöne Aussicht haben

für Plätze, wo Sie bestimmt viele Einheimische treffen

für Treffpunkte für junge Leute

(A1) *Koordinaten für die Übersichtskarte*

Diesen Band schrieb Karl Teuschl, Reisejournalist und Autor aus München, der die Bahamas seit über 10 Jahren bereist.

Die Marco Polo Reihe wird herausgegeben von Ferdinand Ranft.

MAIRS GEOGRAPHISCHER VERLAG

MARCO POLO

Für Ihre nächste Reise gibt es folgende Titel dieser Reihe:

Die Marco Polo Redaktion freut sich, wenn Sie ihr schreiben:
Marco Polo Redaktion, Mairs Geographischer Verlag
Postfach 31 51, D-73751 Ostfildern

Titelbild: San Salvador (Lade: Sebastian)
Fotos: Füglein (17, 76); Jung (20); Kirchgeßner (12, 15, 26, 40, 62, 79); Lade: Kirchgeßner (34, 86); Mauritius: Cash (31), Coll (28), Messerschmidt (37), Vidler (24, 32), World P./Holt (53); Teuschl (Anreise, 4, 7, 9, 23, 39, 46, 51, 54, 57, 61, 66, 68, 72, 75, 84)

1. Auflage 1996 © Mairs Geographischer Verlag, Ostfildern/Hachette, Paris
Lektorat: Ursula Nestler
Gestaltung: Thienhaus/Wippermann (Büro Hamburg)
Kartographie: Mairs Geographischer Verlag, Nelles Verlag
Sprachführer: In Zusammenarbeit mit dem Ernst Klett Verlag für Wissen und Bildung GmbH, Redaktion PONS Wörterbücher

Printed in Germany
Gedruckt auf 100% chlorfrei gebleichtem Papier

INHALT

Entdecken Sie die Bahamas!

Ob Strandtrubel oder perfekte Inseleinsamkeit – auf den 700 Eilanden der Bahamas findet jeder das ideale Urlaubsplätzchen

Strahlende Sonne und ein paar Passatwölkchen am blauen Himmel, puderfeiner Sand und türkisfarbenes Wasser, dazu eine legere kleine Strandbar unter Palmen – so sehen gemeinhin unsere Urlaubsträume aus im oft naßkalten Mitteleuropa. Am besten sollte dieses Szenario noch auf einer Insel spielen, Inseln haben immer etwas Beruhigendes, Weltfernes, versprechen streßfreie Tage in ihrem ureigenen, von Meer und Wind bestimmten Rhythmus. Und genau dieses erholsame Gefühl der Zeitlosigkeit können die Bahamas, diese bunte Inselfamilie am Nordrand der Karibik, reichlich bieten.

Zugegeben, man darf nicht mit falschen Erwartungen anreisen: Auf den Bahamas gibt es keine antiken Tempel wie auf Kreta und keine getrüffelten Gourmet-Gnocchi wie auf Sardinien, hier ist die Bedienung langsamer als im amerikanisch durchorganisierten Hawaii, hier findet man keine tropischen Regenwälder und spektakulären Vulkangipfel wie weiter südlich in der Karibik oder in der Südsee.

Innen so spektakulär wie außen – das Atlantis Resort auf der kleinen Paradise Island vor Nassau

Und dennoch – oder gerade deshalb – kommen die Bahamas dem Urlaubsideal von den Trauminseln sehr nahe. Das intensive tropische Licht, die pastelligen Farben der Hütten in den kleinen, ruhigen Fischerdörfern, die seidige, warme Meeresluft, allein das läßt schon Ferienstimmung aufkommen. Und einsame Inseln gibt es hier tatsächlich wie Sand am Meer. Kaum ein anderes Sonnenziel der Welt kann mit so vielen und so schönen Stränden locken wie die Bahamas. Kein Problem, hier einen schneeweißen oder gar pink schimmernden Strand zu finden, an dem man die ersten Spuren in den feinen Sand tritt.

Baja mar, »seichtes Meer«, tauften die spanischen Eroberer die inselübersäten Schelfbänke, die sich in weitem, gut 1000 km langem Bogen von Florida bis zur Südspitze Kubas dehnen. Zwischen Golfstrom und Atlantik, im türkisblauen Wasser um den Wendekreis des Krebses, liegen auf der Great und Little Bahama Bank gut 700 größere Inseln und über 2000 *cayos*, winzige Riffinseln. Nur 30 der Eilande sind jedoch besiedelt, gerade mal 15 haben Hotels und Restaurants für Besucher – aber viele Gäste drängeln sich auf den abgelegeneren Inseln ohnehin nie. Ein ideales Revier also für moderne Robinsonurlauber, Baderatten und Segelfans. Hinzu kommt das tropisch-sonnige Klima, das sogar im Januar Temperaturen um 25 °C verspricht. Im heißeren Sommer fächelt der Passatwind eine kühlende Brise vom Meer herein, und das Wasser lockt das ganze Jahr über mit Badetemperaturen zwischen 23 und 28 °C. Gerade in bei uns so trüben Monaten wie November oder Februar herrscht auf den Bahamas das beste Wetter.

Große landschaftliche Anziehungspunkte sind nicht zu erwarten: Der höchste »Berg«, der Mount Alvernia auf Cat Island, ist gerade mal 63 m hoch. An Sportmöglichkeiten mangelt es jedoch nicht – vor allem auf und unter dem Wasser. Schwimmen, Surfen, Schnorcheln, Segeln, dafür sind die Inseln ideal. Sogar die Nationalparks der Bahamas liegen zumeist unter Wasser. Die weitgehend unberührte Korallenwelt in den flachen Gewässern der Schelfbänke ist die schönste Naturattraktion der Inseln – und zählt in Taucherkreisen zu den echten Geheimtips. So erstreckt sich etwa vor der Insel Andros das drittgrößte Barriereriff der Welt.

Die touristische Infrastruktur wurde in den letzten Jahrzehnten kräftig ausgebaut: Vom luxuriösen Badehotel in Nassau und der rustikalen, palmenumrahmten Hütte am einsamen Strand bis hin zum nostalgischen B&B-Inn im alten Kolonialhaus können Sie alles finden. Ganz nach Gusto und Geldbeutel. Auf fast allen erschlossenen Inseln gibt es gute Tauchbasen, für die Inselerkundung sind Autos und Mopeds zu mieten. Problemlos können Sie auch ein Boot chartern oder, wenn Sie Robinson spielen wollen, sich von einem Fischer für den Nachmittag auf einer garantiert unbewohnten Insel absetzen lassen.

Trotz aller Weltabgeschiedenheit haben die Bahamas aber auch schon Geschichte geschrieben: Auf einer der östlichen Inseln – welche genau, ist bis heute strittig – betrat 1492 Kolumbus erstmals die Neue Welt. Die einheimischen Lucayos, ein friedliches braunhäutiges Völkchen

Die Marco Polo Bitte

Marco Polo war der erste Weltreisende. Er reiste in friedlicher Absicht, verband Ost und West. Er wollte die Welt entdecken, fremde Kulturen kennenlernen, nicht zerstören. Könnte er für uns Reisende des 20. Jahrhunderts nicht Vorbild sein? Aufgeschlossen und friedlich sollte unsere Haltung in anderen Ländern sein. Dazu gehören auch Respekt vor Mensch und Tier und die Bewahrung der Umwelt.

WWF

Vielleicht legen Sie an dieser Pier an, wenn Sie Gambier Village besuchen

von Fischern, begrüßten die blassen Fremden freundlich und hielten sie sogar für Götter. Was den arglosen Lucayos allerdings nicht sonderlich gut bekam: Keine 40 Jahre nach der Entdeckung der Neuen Welt waren sie verschwunden, verschleppt in die Goldminen Hispaniolas, dahingerafft von europäischen Krankheiten, gegen die sie keine Abwehrkräfte hatten.

Die Spanier verloren bald das Interesse an dem goldlosen und nun auch menschenleeren Archipel. Ihre Galeonen suchten die tückischen Riffe um die Inseln möglichst zu meiden, doch so manches mit Schätzen aus Mexiko beladene Schiff ruht noch heute in den Untiefen der Bahamas. Erst um 1640 ließen sich wieder Siedler auf den kargen Eilanden nieder: englische Puritaner, die vor religiöser Verfolgung von den Bermudas flohen. Piraten und Abenteurer folgten und auch Plantagenbesitzer aus Carolina und Virginia, die um 1780 mit ihren Sklaven aus den neugegründeten USA auf die Inseln übersiedelten, weil sie dem englischen König treu bleiben wollten. Die Bahamas wurden zum verschlafenen, dünnbevölkerten Außenposten des Britischen Empire und machten nur als Schmugglerverstecke während des amerikanischen Bürgerkrieges und der Prohibitionszeit von sich reden.

Bewegung kam erst ab 1940 in die Inselszene: Der Herzog von Windsor, der für seine Wallis Simpson den britischen Thron aufgegeben hatte, schlug im Zweiten Weltkrieg seine Residenz in Nassau auf. Das illustre Paar schenkte den Bahamas jene Aura von blauem Blut und Exklusivität, der die Millionäre Amerikas fasziniert verfielen. Hinzu kam, daß der amerikanische Geldadel nach Castros Revolution in Kuba sich ohnehin einen neuen Spielplatz suchen mußte. Den Trendsettern folgten bald die normalen Urlauber. So eroberte der moderne Tourismus in den letzten Jahrzehnten auch die Bahamas – zumindest zum Teil.

Seit 1973 ist die ehemalige britische Kolonie unabhängig und eine parlamentarische Monarchie im Commonwealth. Knapp 270 000 Einwohner hat der Inselstaat heute. Zu 85 Prozent sind sie schwarzer Hautfarbe – Nachfahren der von den Plantagenbesitzern importierten westafrikanischen Sklaven. Rund drei Viertel der Bevölkerung leben auf nur zwei Inseln – auf New Providence mit der Hauptstadt Nassau und auf Grand Bahama, das nur 100 km vor der Küste Floridas liegt. Alle anderen Eilande sind nur sehr spärlich besiedelt. Landwirtschaft ist auf der dünnen Bodenkrume der Koralleninseln schlecht möglich, Fischfang und Salzgewinnung geben nur einem geringen Teil der Einwohner Arbeitsplätze. Daher sucht der Staat sein Heil im Tourismus und – mit einem hochheiligen Bankgeheimnis und liberalen Steuergesetzen – im internationalen Banking: Mehr als 400 Geldinstitute und Trust-Firmen bieten in Nassau den Steuerflüchtigen einen sicheren Hafen.

Nassau und Freeport/Lucaya sind heute die beiden Hochburgen des Pauschaltourismus – mit Action am Strand, mit Spielkasinos und Glitzershows, bunten Shopping-Galerien und breitem Angebot an Wassersport. Einige Tage ist der Rummel ganz unterhaltsam, und die Altstadt von Nassau ist mit ihren pittoresken Kolonialbauten auf jeden Fall einen Bummel wert. Doch für den ersehnten Urlaub abseits der Zivilisation sollten Sie weiterziehen auf eine der weniger erschlossenen Inseln. Schneeweiße Sand-

People-to-People

People-to-People heißt die schon fast 20 Jahre bestehende Initiative des Tourismusministeriums, Besucher und Einheimische einander näherzubringen. »Chefkupplerin« Priscilla Williams hat 1200 freiwillige Gastgeber in ihrer Kartei, die Besucher aus aller Welt für einen Tag kennenlernen wollen. Sie unternehmen mit den Gästen Segeltörns, Strandausflüge, Stadtbummel, besuchen sonntags die Messe, laden sie zu sich nach Hause ein oder bringen ihnen ein paar typisch bahamische Spezialitäten bei. Das Angebot gibt es auf den meisten Inseln, und es ist kostenlos; kleine Gastgeschenke sind jedoch willkommen. Wer sich dafür interessiert, sollte sich möglichst schon vorab anmelden – und ein paar Fotos von der Familie und der Heimat einpacken. Kontaktadresse: Bahamas Ministry of Tourism, People-to-People Program, P.O. Box N-3701, Nassau, Bahamas, Tel. 809/326-5371.

Und immer wieder geht der Blick übers Meer – hier von Hope Town aus

strände und glasklares Wasser schimmern dort unter tropischer Sonne wie zu Kolumbus' Zeiten.

Zum Beispiel auf Eleuthera, einer gut 170 Kilometer langen Insel mit verträumten Dörfern aus buntgestrichenen Holzhäusern, mit Ananasplantagen, einsamen Buchten und umtosten Klippen. Vor der Nordküste Eleutheras liegt eine weitere, kleinere Insel, Harbour Island, die durch einen wunderschönen Strand aus blaßrosa Korallensand bezaubert. Auch die Architektur des Inselstädtchens Dunmore Town paßt gut zum Karibikurlaubsflair: zartfarbige Kolonialhäuser umrahmt von prächtig blühenden Gärten.

Oder Sie fliegen nach Abaco, dem wiederum eine Kette kleinerer Inseln vorgelagert ist – auf ihnen idyllische alte Fischerstädtchen wie New Plymouth oder Hope Town. Oder Sie verbringen Ihre Urlaubstage auf den Exumas, dem Seglertraum aus 365 Inselchen mit verschwiegenen Buchten und unberührten Riffen. Oder auf San Salvador, wo vermutlich vor 500 Jahren Christoph Kolumbus die Neue Welt betrat. Oder auf Long Island mit seiner hervorragenden Tauchbasis. Oder auf Andros oder auf Cat Island – die Liste der Möglichkeiten ist schier unbegrenzt.

All diese Inseln gehören zu den »Out Islands«, jenem weiten Kranz von nahezu menschenleeren Eilanden, die das dichtbesiedelte New Providence umgeben. Seit vor einigen Jahren ein imagebewußter Tourismusminister die abfällige Bedeutung von »out« erkannte, heißen sie neuerdings auch »Family Islands«. Das klingt besser, familiärer sozusagen. Der Namenswechsel hat am Status quo nichts geändert: Es ist nach wie vor nichts los auf den Family Islands. Keine Nachtklubs, keine Kasinos, keine Kreuzfahrerpiers. Dafür gibt es smaragdgrün schimmernde Buchten und kilometerlange Strände ohne einen Fußabdruck. Die Flughäfen sind nicht mehr als Pisten mit Snackbars, die winzigen Hafenorte dösen träge unter der Sonne, ihre bröckelnden Häuser überwuchert von duftenden Hibiskusblüten.

Geschichtstabelle

Um 500 n. Chr.
Arawak-Indianer besiedeln von Südamerika aus die Bahamas, wo sie sich als Stamm der Lucayos etablieren

12. Oktober 1492
Kolumbus entdeckt die Neue Welt und landet auf Guanahani (San Salvador). In den folgenden Jahren verschleppen die Spanier die Lucayos zur Sklavenarbeit nach Haiti und Mexiko

1629
Die Inseln werden von England annektiert. 1648 kommen die ersten britischen Siedler nach Eleutheria, später nach New Providence. Bald darauf werden die Bahamas zum bevorzugten Revier englischer Piraten

1718
Woodes Rogers, Expirat und erster britischer Gouverneur, vertreibt die Freibeuter. 1729 setzt er das erste Parlament ein

1783
Nach dem nordamerikanischen Unabhängigkeitskrieg fliehen etwa 6000 Loyalisten, britische Kolonisten, die der Krone treu blieben, mit ihren Sklaven auf die Bahamas. Nach anfänglich guten Erträgen verliert der Baumwollanbau wegen der schlechten Böden schnell an Bedeutung; die Inseln geraten in eine Wirtschaftskrise

1834
Der »Emancipation Act« schafft die Sklaverei in allen britischen Kolonien ab. 1838 werden endlich auch alle bahamischen Schwarzen frei

1861–1865
Während des amerikanischen Bürgerkriegs boomt die Wirtschaft durch illegalen Waffen- und Lebensmittelhandel mit den Südstaaten

1919–1933
Durch Alkoholschmuggel während der Prohibition in den USA kommt Geld ins Land. 1920 wird in Nassau das erste Kasino eröffnet

ab 1920
Amerikanische und kanadische Geschäftsleute entdecken die Bahamas als Investitionsobjekt und Urlaubsziel

1940
Als Generalgouverneur der Bahamas verbringt der Herzog von Windsor mit seiner amerikanischen Frau Wallis Simpson den Zweiten Weltkrieg in Nassau. Durch das illustre Paar werden die Inseln zum Tummelplatz der High-Society. Nach dem Krieg entwickelt sich der Tourismus rasch zum wichtigsten Wirtschaftszweig

1955
Der amerikanische Investor Wallace Groves baut Freeport auf Grand Bahama, heute die zweitgrößte Stadt der Inseln, zum Freihafen und Urlaubsziel aus

1967
Die erste freie und allgemeine

Wahl findet statt. Sieger ist die Progressive Liberal Party (PLP) unter der Führung von Lynden Pindling, dem ersten schwarzen Premierminister

10. Juli 1973
Die Bahamas werden von Großbritannien unabhängig und ein souveräner Staat im britischen Commonwealth

1980
Innenpolitische Krisen: Mehrere Regierungsmitglieder und schließlich sogar Premierminister Pindling selbst stehen unter Korruptionsverdacht im Zusammenhang mit Drogengeschäften.
Drei Millionen Touristen besuchen jährlich die Inselgruppe – Tendenz steigend

1992
Regierungswechsel: Das Free National Movement erreicht bei den Wahlen im August eine deutliche Mehrheit. Nach 25 Jahren löst Hubert Ingraham den skandalgeschüttelten Pindling als Premierminister ab. – Hurrikan »Andrew« richtet auf Eleuthera große Verwüstungen an

1995
Nassau begeht die 300-Jahr-Feier seiner Namensgebung

Hier rückt dann der hektische Alltag zu Hause bald in unwirkliche Ferne. Hier herrscht ein anderer, viel langsamerer Zeittakt – und man muß umlernen. Wenn der Bus oder die Fähre oder gar das Flugzeug nicht pünktlich kommt, hilft es nicht, sich aufzuregen. Die Bar ist geöffnet, wenn der Bartender da ist, und das kleine Museum geschlossen, wenn die Wärterin gerade ihr Töchterchen von der Schule abholen muß. Und im kleinen Strandlokal wird eben genau der Fisch serviert, der heute frisch gefangen wurde – eine andere Wahl gibt es nicht.

Der Kontakt zu den Menschen läßt sich manchmal zögerlich an. Kellner und anderes Dienstpersonal wirken auf den ersten Blick etwas desinteressiert – was Wunder, denn auf den Inseln mußten sich Generationen von schwarzen Sklaven von weißen Herrschaften Befehle geben lassen. Der Widerwille gegen Anordnungen sitzt tief. Doch der Ton macht die Musik, und sobald man die Bahamer näher kennenlernt, entpuppen sie sich als unglaublich hilfsbereite, herzliche Gastgeber, die von einem unbändigen Stolz auf ihr Land besessen sind. Viele Bahamer gehen und gingen in England, Amerika oder Kanada zur Schule, doch dort bleiben tun nur die allerwenigsten. Nichts auf der Welt ist für sie so schön wie ihre glücklichen Inseln.

»Hang loose, no problem«, auf diese Devise werden Sie sich auf den Bahamas bald umstellen – und ab dann tröpfeln die Urlaubstage dahin, still und ruhig. Mit langen Strandspaziergängen und trägem Schaukeln in der Hängematte. Dazwischen mal ein bißchen Schnorcheln, ein Stündchen Tauchen oder ein kleiner Segeltörn. Die Suche nach dem nächsten Eiswürfel wird dann zum wichtigsten Tagesziel. Schön so.

Von Korallen und Obeah-Männern

Nur alle 20 Jahre kommt ein schwerer Hurrikan: Hintergründe zum besseren Verständnis der Inseln

Bevölkerung
Die ersten Bewohner der Bahamas waren die Lucayos, eine Stammesgruppe der überall in der Karibik siedelnden Arawak-Indianer. Doch die Entdeckung der Neuen Welt wurde ihnen zum Verhängnis – die Spanier versklavten und verschleppten sie zur Zwangsarbeit. Schon 40 Jahre nach der Landung von Kolumbus waren die Lucayos ausgerottet. Heute stellen – wie überall in der Karibik – Schwarze westafrikanischer Abstammung mit 85 Prozent die große Mehrheit der rund 270 000 Bahamer. Sie sind meist Nachfahren ehemaliger Sklaven, die mit den amerikanischen Loyalisten Ende des 18. Jhs. aus den Vereinigten Staaten kamen. Die karibischen Inseln waren damals zudem der Hauptumschlagplatz für den Sklavenhandel, und nachdem Großbritannien die Sklaverei im Jahre 1834 abgeschafft hatte, fing die britische Marine Sklavenschiffe ab und ließ Tausende Afrikaner auf den Bahamas frei.

Die Bevölkerungsmehrheit stammt von westafrikanischen Sklaven ab

Weißer Hautfarbe sind heute nur knapp 15 Prozent der Bahamer, überwiegend Nachfahren englischer Siedler und amerikanischer Zuwanderer. Hinzu kommen Minderheiten griechischer, chinesischer, syrischer und libanesischer Herkunft. Seit einigen Jahren stieg außerdem der Zustrom der sogenannten Boat people – illegaler Einwanderer aus Haiti und Kuba, die beträchtliche innenpolitische Probleme auslösten.

Blue Holes
Die »blauen Löcher« im Kalkgestein der Bahamas – es gibt sie an Land wie auch draußen im flachen Meer – sind eine der seltsamsten und auffälligsten geologischen Formationen dieser Region. Geheimnisvoll sehen sie aus, und als Taucher wird man das Gefühl nicht los, daß unten aus der Tiefe ein Seeungeheuer auftauchen könnte. Es gibt zwar allerlei Mythen über die großen »Löcher«, doch ein Verwandter von Nessie wurde noch nicht gesichtet. Wissenschaftlich ist die Herkunft der mysteriösen Blue Holes mittlerweile geklärt: Es sind alte Höhlen im Kalkfunda-

ment der Inseln, die während der letzten Eiszeiten einstürzten, als der Meeresspiegel weit tiefer lag als heute.

Mehr als hundert solche bis zu 80 m tiefe Löcher hat man auf den Bahamas bereits entdeckt, die meisten davon auf Andros Island. Doch auch unter zahlreichen anderen Inseln gibt es große Höhlensysteme, die zum Teil in Blue Holes eingestürzt sind. Blue Holes an Land enthalten oft Salzwasser und sind durch unterirdische Spalten mit dem Meer verbunden. Draußen vor der Küste bergen sie meist spektakuläre Korallenformationen und große Fischschwärme – ein herrliches Revier für Taucher. Tiefblau erscheinen die Holes übrigens einfach deshalb, weil sie viel tiefer sind als das umgebende Wasser und sich das Licht deshalb anders bricht.

Drogen

Nach Schätzungen der amerikanischen Drogenbehörde kamen noch Ende der 80er Jahre die Hälfte allen eingeschmuggelten Marihuanas und 70 Prozent des Kokains über die Bahamas nach Florida. Die unzähligen Inseln und Wasserwege waren nur schwer zu überwachen, und Schmuggler konnten die Küste Floridas innerhalb weniger Stunden erreichen. Die Beziehungen zwischen den USA und den Bahamas waren damals äußerst gespannt. Sogar der bahamische Präsident wurde in einem Drogenprozeß in den USA beschuldigt, direkt in den Schmuggel verwickelt zu sein. Überdies verlangte die amerikanische Regierung die Aufhebung des bahamischen Bankgeheimnisses, denn es bestand der Verdacht der Geldwäsche durch Drogenbosse. Eine von der bahamischen Regierung eingesetzte Kommission kam zu dem Ergebnis, daß Mitglieder der Polizei und des Parlaments, aber auch Banker und Rechtsanwälte in den Drogenhandel verstrickt waren.

Inzwischen hat sich die Situation verbessert, und die Regierungen beider Länder arbeiten im Kampf gegen die Drogenmafia eng zusammen. Auf einigen Inseln wurden sogar Überwachungsballons stationiert, die alle verdächtigen Flug- und Bootsbewegungen registrieren – so sind mittlerweile viele der Drogenhändler auf andere Schmuggelwege etwa über Mexiko ausgewichen. Drogenbesitz selbst ist auf den Bahamas strikt verboten, und falls Ihnen auf der Straße etwas angeboten wird, sollten Sie auf jeden Fall die Finger davonlassen.

Flora und Fauna

Die schönste Natur findet man auf den Bahamas unter Wasser: Große Korallenriffe wie etwa das spektakuläre Barrier Reef von Andros bieten Lebensraum für bunte Tropenfische, in den tieferen Gewässern vor den Küsten finden sich Marlins, Haie, Delphine und sogar Wale. An Land dagegen ist die Tier- und Pflanzenwelt relativ artenarm – wie auf vielen Archipelen der Welt. Zwar reicht die geologische Geschichte der Bahamas weit zurück (schon vor 130 Millionen Jahren lagerten sich bis zu 4 km dicke Kalksteinsedimente auf dem Grund der Urmeere hier ab), doch erst vor etwa 30 Millionen Jahren tauchten die Koralleninseln aus dem Meer auf. Der

Kokosnüsse finden vielseitige Verwendung, nicht nur in der bahamischen Küche

nährstoffarme Boden und die geringen Niederschläge verhinderten, daß sich auf den Inseln eine üppige Flora ansiedeln konnte. Trockenwald mit Kiefern, Palmetto, Mahagonibäumen und Dornsträuchern wuchert auf den höhergelegenen Teilen der Inseln, Mangrovensümpfe bedecken die flachen, geschützten Küstengewässer. Die Indianer und später die Plantagenbesitzer brachten Nutzpflanzen wie Kokospalmen, Ananas und Zuckerrohr, aber auch tropische Zierpflanzen mit, die heute überall in den Gärten üppig sprießen.

Auch die ursprüngliche Tierwelt der Bahamas war relativ artenarm: Nur zwei Säugetierarten schafften den Sprung auf die Inseln: Fledermäuse und Hutias, eine etwa hasengroße Nagetierart. Dazu findet man auch heute noch auf den abgelegeneren Inseln Leguane und andere wechselblütige Arten wie etwa die Curly Tailed Lizards, kleine Echsen, die nur auf den Bahamas vorkommen. Etwas reichhaltiger ist die Vogelwelt, neben zahlreichen Zugvögeln gibt es sogar eine kleine grüne Papageienart, die nur hier lebt.

Und Great Inagua ist heute eines der letzten Rückzugsgebiete für Flamingos auf dem amerikanischen Kontinent – rund 60 000 dieser prächtig rosafarbenen Vögel nisten in den Salzwasserlagunen der Insel.

Guanahani

»... sehr groß und sehr flach und mit sehr grünen Bäumen ...«, so beschrieb Kolumbus die erste Insel, die er 1492 in der Neuen Welt erreichte. Guanahani nannten sie die Indianer, und der im Auftrag des katholischen Spaniens segelnde Kolumbus benannte sie nach dem heiligen Erlöser »San Salvador«. Das Logbuch jener weltverändernden Expedition blieb jedoch nur als Nachschrift erhalten, und der exakte Ort jener Insel Guanahani liegt im Dunkel der Geschichte. Neun verschiedene Eilande wurden von den Historikern über die Jahre als Entdeckungsort der Neuen Welt vorgeschlagen. Sicher ist jedoch nur, daß es eine der östlichen Bahamainseln sein muß. 1926 einigte man sich auf Watling Island, das daraufhin offiziell in San Salvador umbenannt wurde – so heißt diese Insel heute noch, und einige Kolumbus-Denkmäler sollen ihre geschichtliche Rolle bezeugen. Doch 1986 haben renommierte Wissenschaftler der amerikanischen Zeitschrift »National Geographic« nach neuen Computerberechnungen der Meeresströmungen daran wieder Zweifel angemeldet. Samana Cay (**H 11**) soll das richtige Guanahani sein. Der Streit geht weiter.

Hurrikans

Alle Jahre wieder, von Juli bis Oktober, ist Hurrikansaison in der Karibik. Und die Inseln der Bahamas liegen auf einem der Pfade, den diese Wirbelstürme nach Norden hin nehmen. Hurrikans entstehen als tropische Tiefdruckgebiete weit draußen im Atlantik vor den Karibikinseln. Dort sammeln sie Kraft über dem im Sommer aufgeheizten Wasser und beginnen sich zu drehen – immer gegen den Uhrzeigersinn, wie es die Coriolis-Kraft auf der Nordhalbkugel befiehlt. Sie entwickeln sich zu tropischen Stürmen (ab 80 km/h Windgeschwindigkeit) und werden schließlich zu Hurrikans (ab 120 km/h). Und dann beginnen sie zu wandern und fallen mit unvorstellbarer Gewalt über die Inseln der Karibik, über Florida und die Bahamas her, ehe sie ihre Kraft über dem amerikanischen Festland verlieren.

Ein oder zweimal pro Jahr streifen die Ausläufer eines dieser Wirbelstürme die Bahamas und sorgen für kräftigen Regen und Wind. Doch keine Angst, nur alle 20 bis 30 Jahre zieht tatsächlich ein Hurrikan direkt über die Inseln hinweg, und selbst dann brauchen Sie nicht um Leib und Leben zu fürchten: Das National Hurricane Center in Miami verfolgt genau die Entwicklung jedes Sturmes und warnt schon Tage vorab, so daß bedrohte Regionen rechtzeitig evakuiert werden können.

Korallen

Die grandiose Unterwasserwelt der Bahamas besteht, ganz prosaisch, aus den Kalkskeletten der Korallenpolypen. Die höchstens einen Zentimeter langen Tierchen errichten Schicht für Schicht die größten von Lebewesen geschaffenen Bauwerke der Erde, die Riffe. Dazu brauchen sie konstante Wassertemperaturen zwischen 20 und 30 °C, viel Licht und vor allem Zeit. Durchschnittlich einen Zentimeter im Jahr wachsen die Formationen durch Kalkablagerungen der Polypen – eines der eindrucksvollsten Korallenriffe der Welt hat sich an der Ostküste der Insel Andros über Jahrmillionen entwickelt.

An der faszinierenden Farben- und Formenwelt sind verschiedene Korallenarten beteiligt:

Steinkorallen, aus denen sich das Fundament des Riffs formt, aber auch weichere Hirschhornkorallen, die mit ihren sich verzweigenden Ästen tatsächlich den Geweihen ihrer Namensgeber ähneln, außerdem Fächer-, Säulen- und Wabenkorallen. Eine überwältigende Vielfalt, die außerdem Lebensraum für zahlreiche Fischarten und andere Meerestiere bedeutet.

Musik

Musik ist allgegenwärtig auf den Inseln, noch im kleinsten Dorf tönen aus dem Transistorradio die neuesten Hits: internationale Popsongs, aber vor allem auch Calypso, Salsa, Reggae und Steelband-Sound. Alle Rhythmen der Karibik sind zu hören, und am Wochenende treten in den Hotels und in vielen kleinen Bars örtliche Gruppen auf. Typisch bahamisch sind die Rake-and-Scrape-Bands, die mit traditionellen Instrumenten, aber auch mit Waschbrettern und ähnlichem den Ton angeben. Dazu gehört meist auch eine Goombay Drum, eine mit Ziegenfell bespannte Trommel, wie sie bereits während der Sklavenzeit auf den Bahamas verbreitet war.

Obeah

Überall in der Karibik leben verschiedene Varianten des traditionellen Volksglaubens Afrikas weiter: Auf Haiti ist es Voodoo, auf Kuba Santería, auf den Bahamas Obeah. Obeah ist nicht wirklich eine Religion, da es keine Priester, Götter oder kollektiven Zeremonien kennt. Vielmehr stellt es eine Mischung aus Spiritismus, Aberglauben und überlieferter Buschmedizin dar. So mancher Bahamer geht auch

Gewöhnungsbedürftige Begegnung, auch für den Zackenbarsch

heute zum Obeah-man (oder zur Obeah-woman) und nutzt – gegen angemessene Bezahlung – die Magie, läßt den Chef verhexen oder sich selbst von einem Fluch befreien. Manchmal bieten Obeah-Praktizierende sogar ihre Dienste über Kleinanzeigen in den Tageszeitungen an.

Auch die Heilkräfte bestimmter Kräuter und Baumrinden, die in vielen Kulturen weltweit genutzt werden, spielen bei Obeah eine Rolle, und Liebestränke und potenzsteigernde Mittelchen brachten schon immer Profit. Die Bahamer glauben außerdem fest an die Existenz von Geistern, die zumeist in den Bäumen der Inseln leben und nur Unsinn im Kopf haben, die Leute erschrecken und Häuser verwünschen.

Politisches System

Nach 325 Jahren als britische Kolonie erhielten die Inseln am 10. Juli 1973 die Unabhängigkeit – nicht zuletzt aufgrund des Freiheitsdranges der überwiegend schwarzen Bevölkerung. Nach der damals verabschiedeten Verfassung des Commonwealth of the Bahamas, einer konstitutionellen Monarchie, setzt sich das Parlament aus dem Senat mit 16 ernannten Mitgliedern und dem House of Assembly (49 gewählte Abgeordnete) zusammen. Staatsoberhaupt ist nach wie vor Königin Elizabeth II., vertreten durch ihren Generalgouverneur.

Die beiden wichtigsten Parteien sind die Progressive Liberal Party (PLP) und die Free National Movement (FNM). Die PLP, 1953 gegründet, stellte unter der Führung Lynden Pindlings von 1967 bis 1992 ununterbrochen die Regierung. Traditionell vertrat sie eher die Interessen der Afrobahamer. Pindling, ein charismatischer Politiker, führte die Inseln gegen den Widerstand der Opposition in die Unabhängigkeit. Nach diesem Erfolg wurde er zu einem nahezu unanfechtbaren nationalen Symbol und gewann als Premierminister sogar nach Drogen- und Bestechungsaffären 1984 die Wahlen mit absoluter Mehrheit. Erst weitere Korruptionsvorwürfe gegen Pindling sowie Mitglieder seines Kabinetts und innenpolitische Krisen führten bei den Wahlen 1992 schließlich zu einem Machtwechsel zugunsten der FNM. Premierminister ist seither Hubert Ingraham, ein früherer Weggefährte Pindlings, der die Partei 1984 verlassen hatte.

Sprache

Amtssprache auf den Bahamas ist Englisch, ein im Vergleich zum amerikanischen original britisches Englisch. Daher werden Sie mit etwas Schulkenntnissen in Oxford-Englisch ganz gut zurechtkommen – mit Gästen geben sich die Bahamer durchaus Mühe und sprechen auch etwas langsamer. Die oft im schnellen Stakkato erklingende Umgangssprache allerdings ist gewöhnungsbedürftig: Auf den abgelegenen Inseln haben sich zum Teil eigene Dialekte oder Akzente entwickelt, und die Alltagssprache der schwarzen Bahamer hat sich aus dem Pidgin-Englisch der Sklaven entwickelt. So werden z.B. vielfach in den einfacheren Sätzen die Verben weggelassen, das »r« in den Wörtern verschwindet häufig, »th« wird meist als »t« gesprochen, und die Konsonanten »v« und »w« werden vertauscht. Doch wie gesagt, mit etwas Übung klappt die Verständigung.

Von den lucayischen Ureinwohnern der Bahamas blieben übrigens auch einige Wörter erhalten, die sich schon zu Kolumbus' Zeiten für neue Pflanzen oder Naturerscheinungen eingebürgert haben: Begriffe wie Avocado etwa oder Hurrikan, Barbecue, Kanu und Tabak stammen aus der Sprache der Lucayos.

Wirtschaft

Fruchtbares Land ist auf den Bahamas Mangelware, das mußten schon die ersten Siedler im 17. und 18. Jh. schmerzlich erkennen. Der karge Korallenboden war schnell ausgelaugt, und so spielten Zuckerrohr- und Baumwollplantagen auf den Bahamas nie jene überragende Bedeutung wie auf den anderen karibischen Inseln. Nicht einmal für die Selbstversorgung reichte es, und noch heute müssen rund 80 Prozent der Nahrungsmittel importiert werden.

So ist es nicht verwunderlich, daß sich die Bahamer schon früh nach »alternativen Einkünften« umsahen. Bis Ende des 19. Jhs. war das *shipwrecking* ein einträglicher Wirtschaftszweig: Die Bahamer setzten falsche Leuchtfeuer und plünderten die auf Riffe gelaufenen Schiffe. Die Regierung vergab Plünderlizenzen, und selbst der Klerus profitierte. Mit dem verstärkten Bau von Leuchttürmen ab 1850 fand jedoch das legale Plündern ein Ende. So verlegte man sich aufs Schmuggeln: Waffen und Lebensmittel während des amerikanischen Bürgerkriegs, Alkohol zu Zeiten der Prohibition und in den letzten Jahrzehnten auch Drogen.

Die Industrie spielt auch heute eine untergeordnete Rolle. Abgesehen von einer Rumfabrik bei Nassau konnte sich nur Freeport auf Grand Bahama in den letzten 40 Jahren als Industriestandort profilieren: Die gut ausgebauten Hafenanlagen dienen als Umschlagplatz für Erdölprodukte und Zement. Für den Export werden hauptsächlich chemische und pharmazeutische Produkte hergestellt.

Die Wirtschaftsstruktur des Landes wird seit den 50er Jahren vom Bankwesen und dem Tourismus bestimmt. Die günstigen Steuergesetze machen die Inseln zum begehrten Finanzplatz: Derzeit sind mehr als 400 Banken registriert, der geschätzte Jahresumsatz liegt bei 120 Mrd. US-Dollar.

Doch der Tourismus bietet unbestritten die meisten Arbeitsplätze: 1994 kamen knapp 3,5 Millionen Besucher, die meisten aus den USA. Sie ließen über 1,3 Mrd. Dollar im Land – das entspricht der Hälfte des Bruttoinlandprodukts und schafft Arbeitsplätze für 25 Prozent der Bevölkerung. Der Anteil von Kreuzfahrt- und Tagestouristen aus Florida liegt allerdings mit etwa zwei Dritteln sehr hoch. Daher sollen bis zur Jahrtausendwende die Infrastruktur der Out Islands verbessert und verstärkt Touristen aus europäischen Ländern angeworben werden. Zugleich will die Regierung die Landwirtschaft fördern, vor allem den Export von Zitrusfrüchten und Gemüse, um die Abhängigkeit der Bahamas vom Tourismus zu mindern.

Conch Fritters und Johnny Cake

Frischer Fisch steht überall auf der Karte, aber es gibt auch andere bahamische Spezialitäten

Die Bahamas als ein Mekka der Feinschmecker anzupreisen wäre übertrieben. Es wird zwar durchweg solide, aber nicht besonders inspiriert gekocht – doch dafür sitzt man oft wunderschön mit Blick übers türkisblaue Meer. Hervorragend schmeckt fast immer der fangfrische Fisch, und auch die Nachspeisen mit tropischen Früchten sind sehr zu empfehlen.

Für etwas Exotik sorgen hier und da karibische Einflüsse: Dann kommt zum Beispiel Hühnchen in Curry-Kokos-Sauce auf den Tisch, und dazu gibt es *plantains*, gebratene Bananen. Oder der Fisch wird mit frischen Mangos, Papayas und exotischen Gewürzen verfeinert.

Der wichtigste Einfluß aber kommt von Norden, aus den USA. Die Hotels und Restaurants auf den touristisch erschlossenen Inseln haben sich auf den Geschmack der – überwiegend amerikanischen – Besucher eingestellt: Eier mit Schinken zum Frühstück, abends ist vom Steak bis zu Caesar Salad alles zu haben. Die Zutaten dafür müssen zumeist importiert werden, nur der Fisch kommt aus den heimischen Gewässern.

Die größte Auswahl an Restaurants finden Sie in Nassau und Freeport. Hier gibt es sogar einige Gourmetlokale mit guter, französisch-karibischer Küche – und am anderen Ende der kulinarischen Palette auch Fast-food-Lokale mit Hamburgern und Pommes. Doch da sollten Sie standhaft bleiben und lieber in eines der kleinen bahamischen Lokale gehen, wie man sie in den Vororten und vor allem auf den Out Islands entdeckt.

Erklärungsbedürftig sind für den Erstbesucher zunächst die Fischgerichte: Am häufigsten taucht auf der Karte *grouper* auf, das ist eine Barschart mit festem weißen Fleisch. Daneben gibt es oft auch *snapper* (Seebarbe), *shrimp* (Krabben) und *dolphin* – damit ist aber nicht der intelligente Meeressäuger gemeint, sondern eine schmackhafte Goldmakrele. Und wenn *lobster* angeboten wird, handelt es sich meist nicht um den scherenbewehrten Hummer

Manchmal fällt die Entscheidung schwer. Rum Punch oder Blue Caribbean?

aus dem Nordatlantik, sondern um eine Languste aus den wärmeren Gewässern der Bahamas.

KÜCHE DER INSELN

Doch nun zur bahamischen Hausmannskost, wie sie vor allem in den einfachen Lokalen der Out Islands serviert wird. Es ist keine besonders verfeinerte Küche, denn früher gab es auf den abgelegenen Koralleninseln nur wenig verfügbare Produkte. Gegessen wurde vor allem, was das Meer bot. Und die Sklaven mußten ohnehin mit den einfachsten Grundnahrungsmitteln zufrieden sein: Pökelfleisch und Reis. Bis heute glauben die Bahamer nicht an Vitamine und Grünkost, Salate werden nur selten angeboten. Das Essen muß vor allem reichhaltig sein, es wird viel paniert und fritiert, als Beilagen gibt es *rice 'n' peas* (gebratenen, gewürzten Reis mit braunen Erbsen) oder schlicht Nudelsalat. Fisch spielt nach wie vor die tragende Rolle auf der Speisekarte. Daneben gibt es Hühnchen und *souse*, einen Fleischeintopf mit würziger Soße. Ebenfalls nicht fehlen darf natürlich *conch*, die sehr beliebte große Meeresschnecke, die in sämiger Suppe als *conch chowder* oder mit Maismehl zu Bällchen gedreht als *conch fritters* serviert wird. Traditionelle Leibspeise der Insulaner ist *boil fish*, eine Art Fischsuppe mit Pökelfleisch, Zwiebeln und scharfen Chillies, die oft schon zum Frühstück gegessen wird. Dazu gibt es duftenden, ofenwarmen *johnny cake*, ein süßes Maisbrot, das auf den Out Islands manchmal noch im traditionellen Steinofen gebacken wird.

Nicht verpassen dürfen Sie die Nachspeisen: *lime pie* etwa, den leicht säuerlichen, sehr erfrischenden Limonenkuchen. Ebenfalls beliebt sind *coconut jimmy*, süße Klöße in Kokossauce, *benny cake*, Sesamkuchen, und – ganz besonders köstlich – *guava duff*, Pudding aus Guaven mit Rumsauce.

RESTAURANTS

Zum Frühstücken geht man ins Hotelrestaurant, wo meist ein großes Buffet aufgebaut ist mit frischen tropischen Früchten und deftigen amerikanischen Frühstücksgerichten, die oft für den ganzen Tag vorhalten. Da gibt es dann Eier (*sunny side up* = Spiegelei, *over-easy* = Spiegelei gewendet, *scrambled* = Rührei), Würstchen, Speck oder Schinken, dazu Bratkartoffeln und Toast mit Marmelade. Probieren Sie auch einmal *pancakes* oder ein Omelette. Der – amerikanisch dünne – Kaffee wird kostenlos nachgeschenkt bis zum Abwinken. Zum Lunch, etwa zwischen 12 und 13 Uhr, ißt man meist nur kleinere Gerichte: z.B. *soup and salad*, ein Sandwich oder *grouper fingers*, fritierte Fischstückchen mit Pommes oder Salat. Das Abendessen *(dinner)* wird meist zwischen 19 und 20 Uhr serviert, in den gehobeneren Lokalen auch etwas später. Zu den Besonderheiten gehört, daß man wie in den USA in vielen Restaurants einen Tisch zugewiesen bekommt. Ein Schild am Eingang zeigt dies an: *Please wait to be seated.* Familiärer geht es natürlich in den bahamischen Lokalen zu, wo man sich einfach einen freien (Resopal-)Tisch sucht und am Tresen bestellt. Es gibt aber auch

Hier gibt es in Freeport feine bahamische Kost – abends um acht bekommen die Haie etwas ab

eine Reihe luxuriöser Resorts, in denen bei Kerzenschein serviert wird und die für ihre ausgezeichnete Küche bekannt sind. In den Hotelrestaurants ist das Bedienungsgeld meist schon in der Rechnung eingeschlossen. In den kleineren Lokalen läßt man das Trinkgeld (etwa 15% vom Rechnungsbetrag) einfach auf dem Tisch liegen.

GETRÄNKE

Das flüssige Inselerlebnis beginnt meist an der Hotelbar oder unter Palmen in einer der ungezählten, oft recht urigen kleinen Strandbars, wo so mancher Bahamer – und Urlauber – ein gut Teil des Tages verbringt. Standardgetränk ist Bier, eiskaltes einheimisches Kalik-Bier, das recht gut schmeckt. Daneben gibt es überall auch Importbiere aus Deutschland oder Holland. Das nichtalkoholische Getränk der Inseln ist Cola, aber es gibt auch sehr gute Fruchtsäfte.

Spätestens zum Sonnenuntergang wird ein bunter tropischer Cocktail fällig: Eine *Bahama Mama* zum Beispiel, die aus Kokosnußschnaps, Ananas- und Orangensaft mit einem Spritzer Grenadine und Nassau Royale gemixt wird. Ebenfalls typisch bahamisch ist der *Goombay Smash* aus Kokosnußschnaps, Rum, Ananas- und Zitronensaft. Wenn Sie auch noch all die anderen süßen Versuchungen durchprobieren, ist der dicke Kopf garantiert: *Planters Punch, Pina Colada, Daiquiri, Yellow Bird, Rum Runner,* die Liste der Drinks ist schier endlos. Vielleicht vergessen Sie dann sogar das Abendessen – ein *Dirty Banana* (Banane, Milch, Rum und Kaffeelikör) würde für die Kalorienzufuhr jedenfalls völlig ausreichen.

Strohhüte und bunte Batikklamotten

Auf dem Straw Market muß gehandelt werden, ansonsten sind die Preise zwar duty-free, aber felsenfest

So inbrünstig, wie sich die Bahamas als Einkaufsparadies anpreisen, möchte man meinen, hier ließen sich ähnliche Schnäppchen machen wie etwa in Hongkong oder Singapur. Doch das Angebot zielt vor allem auf die amerikanischen Besucher, für die Shopping ohnehin Nationalsport ist. Aus europäischer Sicht verhält es sich in Wirklichkeit mit den Bahamas als Shopping-Mekka weitaus weniger aufregend. Und wer sich mit den Preisen nicht wirklich auskennt, spart bei den überall ausgeschriebenen *super bargains* keinen müden Cent.

Tatsache ist, daß die Bahamas zollfreies Gebiet sind und vor allem in Nassau und Freeport zahlreiche Boutiquen und auch Ableger von internationalen Markenfirmen wie etwa Fendi oder MCM ihre Vertretung haben. Wobei die aus Europa importierten Waren, all die Handtaschen, Schuhe und noblen Accessoires, allerdings nur selten preiswerter gehandelt werden als zu Hause. Es sind überwiegend die urlaubenden Amerikaner, die sich hier auf englisches Porzellan und edles Kristall, Schweizer Uhren und schottische Wollsachen stürzen. Wirklich billiger sind eigentlich nur Alkohol (vor allem karibischer Rum) und Parfums – die in erschlagender Auswahl angeboten werden. Wer gegen die Duftwässerchen allergisch ist, überlebt die Bay Street in Nassau eigentlich nur mit einer Gasmaske, denn aus zahlreichen *perfume shops* strömen die Düfte aus tausendundeinem Flakon. Auch wertvoller Schmuck und Uhren liegen vielfach in den Schaufenstern aus: schöne, originelle Stücke, doch die sind nicht unbedingt günstiger als anderswo.

Trotzdem – einen Bummel durch die großen Kaufhäuser und die Boutiquen an der Bay Street, durch den großen International Bazaar oder den hübsch gestalteten Port Lucaya Marketplace in Freeport sollten Sie auf jeden Fall unternehmen. Reinschauen kostet nichts, und vielleicht zieht man doch den einen oder anderen Deal an Land – oder man findet einfach etwas Hübsches, was man ohnehin haben wollte.

Auf den Strohmärkten kommt man beim Handeln ins Gespräch

Die besten Einkaufsmöglichkeiten bieten natürlich Nassau und Freeport, auf den Out Islands läßt die Auswahl schnell und drastisch nach. An der Hauptstraße des jeweiligen Nestes mag es einen winzigen Souvenirladen geben mit bunten T-Shirts, selbstgebasteltem Schmuck und dazwischen auch etwas Kunsthandwerk – das allein schon wegen seiner bodenständigen Naivität einen Blick verdient.

Und meist gibt es pro Ort nur einen kleinen Supermarkt, der einige Grundnahrungsmittel und (importiertes) Dosengemüse in den Regalen hat. Wenn Sie sich ein Haus oder eine Ferienwohnung mit eigener Küche mieten, finden Sie in diesen kleinen Läden alle nötigen Grundnahrungsmittel, Gemüse und Gewürze für die Selbstverpflegung. Frischen Fisch, einige Conchs oder Langusten holen Sie sich dazu am besten direkt am Hafen bei den Fischern.

BELIEBTE MITBRINGSEL

Echte, ursprüngliche Souvenirs, die wirklich von den Bahamas stammen, sind dünn gesät. Der karge Boden der Koralleninseln läßt nur wenig wachsen, und außer Bootsbau gibt es kaum eine Handwerkstradition auf den Inseln. Die beliebteste Shopping-Institution für Mitbringsel sind die Straw Markets, quirlige, bunte Freiluftmärkte, auf denen tatsächlich viele aus Stroh oder Palmenblättern geflochtene Taschen und Hüte angeboten werden. Und anderes: T-Shirts, luftige Strandkleidung, Spielsachen und diverse oft selbstgefertigte

Nicht alles, was glänzt, taugt als Souvenir: Conch-Schalen beispielsweise unterliegen dem Artenschutzabkommen

Kleinigkeiten. Hier darf gehandelt werden, das Feilschen gehört zum Zeremoniell des Einkaufens dazu – und macht Spaß. Einen bahamischen Strohhut sollten Sie sich allemal leisten, er tut schon vor Ort gute Dienste.

Den größten Straw Market finden Sie an der Bay Street in Nassau, aber auch in den kleinen Dörfern der Out Islands haben sich solche Märkte etabliert – und wenn es nur einige Stände unter einem schattigen Baum sind. Auch in den Läden lassen sich interessante Mitbringsel entdecken: originelle, fröhliche Sommerkleider aus Batikstoffen zum Beispiel, die überwiegend auf der Insel Andros hergestellt werden. Die Muster sind zwar manchmal arg grellbunt, aber für den Strand passen sie durchaus. Die größte und beste Auswahl hat die Modekette Mademoiselle, die mit 19 Boutiquen auf den Inseln vertreten ist. Oder wie wäre es mit einer originalen Junkanoo-Glocke oder der Nachprägung einer alten Goldmünze aus einer spanischen Galeone?

Sowohl in Nassau wie vereinzelt auch auf den Out Islands lohnt sich ein Besuch in den Kunstgalerien, die zum Teil recht schöne Malereien oder Kunstdrucke mit bunten, karibischen Motiven anbieten. Der Stil ist manchmal sogar von der naiven haitianischen Malerei beeinflußt. Von Muscheln und allen Erzeugnissen aus Korallen sollten Sie dagegen tunlichst ablassen – sie unterliegen fast durchweg dem Washingtoner Artenschutzabkommen, das heißt, sie dürfen zwar auf den Bahamas verkauft, aber in Europa nicht eingeführt werden. Auch die so hübsch rosafarbenen Conch-Schalen fallen unter diese Regelung. Eine Flasche Rum (es gibt sogar Ananas-Rum) kann dagegen ein nettes Andenken sein – für die Nachfeier des Urlaubs zu Hause. Am besten mit dem Rezept Ihres Bartenders für den beliebtesten Urlaubs-Drink. Dazu brauchen Sie dann natürlich auch ein paar Musikkassetten mit den gerade gängigen Calypso-, Soca- und Reggae-Rhythmen, die man tagaus, tagein auf den Inseln hört.

MASSE UND ZEITEN

Die Läden der Touristenzentren sind überwiegend auf das amerikanische Publikum eingestellt, und auch viele der Produkte kommen aus den USA. Daher sind bei Kleidung und Schuhen fast immer die amerikanischen Größen angegeben. Bei T-Shirts und bunten Batikhemden ist die Wahl noch leicht: Es gibt sie meist nur in den Größen small, medium, large und X-large. Bei modischeren Klamotten und bei Schuhen heißt es genauer aufpassen. Bei den Damen entspricht die US-Größe 4 der deutschen 34, 6 = 36, 8 = 38, 10 = 40 usw. Bei den Herren ist es ähnlich: US-Größe 36 entspricht 46, 38 = 48, 40 = 50 usw. Im Zweifel kann man immer fragen und von einer der Verkäuferinnen Maß anlegen lassen.

Während die meisten Läden in Nassau und Freeport gegen 17 Uhr schließen, sind die Boutiquen der Shoppingcentres und Märkte gewöhnlich bis 21 Uhr geöffnet. Kleinigkeiten wie Postkarten, Zeitungen etc. bekommen Sie im Laden Ihres Hotels zwischen 8 und 19 Uhr.

Pomp und Paraden

Große Feste gibt es nur wenige – doch zum Junkanoo geht's schon um vier Uhr früh los

Das größte Ereignis des Jahres auf den Bahamas ist das ★ »Junkanoo«. Dieser farbenprächtige Karneval stammt noch aus den Zeiten der Sklaverei, als der zweite Weihnachtsfeiertag – noch heute der Haupttag des Junkanoo – für die schwarzen Leibeigenen der einzige Tag des Jahres war, an dem sie frei hatten: *der* Anlaß für ein großes, wildes Tanzfest. Die Tradition hat sich bis heute vor allem in Nassau fortgesetzt. Viele Bahamer verbringen Monate damit, prächtige Junkanoo-Kostüme anzufertigen und Skulpturen aus Pappe, Draht und Kreppapier zu basteln. In den frühen Morgenstunden des 26. Dezember ist es dann soweit: Zum Rhythmus von Trommeln, Pfeifen und Kuhglocken tanzt ganz Nassau in den Straßen, knallbunt kostümierte Vereine und geschmückte Wagen ziehen in einer riesigen Prozession vorbei. Die originellsten Kostüme und Paradewagen werden prämiert und später in der Junkanoo-Expo ausgestellt.

Aber nicht nur ein solches Riesenfest bringt Spaß, auch jeden kleinen Anlaß feiern die Bahamer mit Begeisterung – schon der Samstagabend ist oft Gelegenheit genug für eine Party in der nächsten Strandbar. Sehr beliebt sind die übers Jahr verteilt stattfindenden Bootsrennen und Segelregatten, an denen vielfach nur Einheimische teilnehmen. An Land wird das sportliche Ereignis immer von einer Parade, einem Schönheitswettbewerb und einer Modenschau (!) begleitet. Und natürlich gehört viel Fisch dazu und viel Musik: Reggae, Calypso oder eine original bahamische Rake-and-Scrape-Band.

Nicht verpassen sollten Sie den zeremoniell zur Schau gestellten, höchst fotogenen Pomp des britischen Erbes in Nassau: Jeden zweiten und vierten Samstag des Monats ist um 10 Uhr traditioneller Wachwechsel am Government House. Die berühmte *police-band* schmettert ihre Märsche, und die Wachsoldaten exerzieren in historischen Uniformen. Ähnlich bunt ist die Eröffnung des Obersten Gerichtshofs jeweils am ersten Mittwoch im Januar, April, Juli und Oktober – natürlich ebenfalls mit einem Auftritt der Königlich-Bahamischen Polizeikapelle.

Manchmal dauert es Monate, bis ein Junkanoo-Kostüm fertig ist

MARCO POLO TIPS FÜR FESTE

1 Bacardi Rum Billfish Tournament
Wer fängt den größten Marlin? Es geht um 250 000 Dollar (Seite 30)

2 Eleuthera Pineapple Festival
Ländlich-urig wird die Ananas gefeiert: vorwiegend mit Bier und Rum (Seite 31)

3 Family Island Regatta
Die beliebteste Segelregatta der Inseln – Lokalkolorit ist Trumpf (Seite 30)

4 Junkanoo
Karneval karibisch: frühmorgens, mit prächtigen Kostümen und unglaublichem Krach (Seite 29, 30, 31)

OFFIZIELLE FEIERTAGE

An folgenden Tagen haben Banken, Postämter und die meisten Geschäfte geschlossen:
1. Januar: *Neujahrstag;*
Karfreitag und *Ostermontag;*
Pfingstmontag;
erster Freitag im Juni: *Labour Day (Tag der Arbeit)*;
10. Juli: *Independence Day (Unabhängigkeitstag)*;
erster Montag im August: *Emancipation Day (Tag der Sklavenbefreiung)*;
12. Oktober: *Discovery Day (Tag der Entdeckung durch Kolumbus)*;
25. und 26. Dezember: *Weihnachten*
Fällt ein Feiertag auf einen Samstag oder Sonntag, so ist gewöhnlich der folgende Montag frei.

FESTE UND FESTIVALS

Januar

★ Neujahr: In Nassau, Freeport und in vielen anderen Orten der Family Islands finden ab den frühen Morgenstunden farbenprächtige *Junkanoo*-Paraden statt, bei denen ausgelassen getanzt wird.

Februar

Von Ende Februar bis Ende April stehen die Nachwuchskünstler der Bahamas während des *National Arts Festival* in edlem Wettstreit: In über 100 Kategorien bewerben sich die jungen Talente.

März

George Town, Exuma: Anfang März treffen sich über 500 Yachtbesitzer zur internationalen *Cruising Regatta* vor Exuma.

★ Bimini: *Bacardi Rum Billfish Tournament*, das größte Marlin-Angelturnier der Bahamas. Die Teilnehmer kommen aus den ganzen USA und der Karibik. 250 000 Dollar sind bei diesem Wettangeln zu gewinnen.

April

★ George Town, Exuma: Bei der *Family Island Regatta* geht es am letzten Aprilwochenende um den Titel »Best in The Bahamas«. Jede Insel schickt mindestens ein Boot ins Rennen. An Land finden Schönheits- und Sportwettbewerbe statt, und für das leibliche Wohl ist an Eßständen bestens gesorgt.

Juni
Long Island: Anfang des Monats segeln Yachten in vier Größenkategorien bei der *Long Island Regatta* um Preisgelder und Trophäen. Jahrmarkt und Parties an Land.

★ Eleuthera: Mit Junkanoo-Parade und viel Musik wird in Gregory Town am ersten Wochenende des Monats das *Pineapple Festival* gefeiert.

Juli
Zum *Independence Day* am 10. Juli Paraden, Angelturniere, Regatten und Parties in vielen Orten.

Nassau, Freeport: Beim *Goombay Summer Festival* finden bis Ende August in den Touristenzentren Port Lucaya und an der Woodes Rogers Wharf in Nassau jede Woche Straßenkarnevals statt mit Calypso-Bands und Kunsthandwerkermärkten.

Paraden in Nassau erinnern an das britische Erbe

August
Nassau: Die Abschaffung der Sklaverei wird am ersten Montag des Monats in Fox Hill Village mit dem *Junkanoo-Rushout* in den frühen Morgenstunden des *Emancipation Day* gefeiert. Eine Woche später findet die *Fox Hill Day Celebration* statt: Die Einwohner des Dorfes hatten von der Sklavenbefreiung erst eine Woche später erfahren, entsprechend später wird erneut gefeiert.

Oktober
McLean's Town, Grand Bahama: Beim *Conch-cracking Contest* am *Discovery Day* (12. Oktober) ist Sieger, wer am schnellsten die meisten Schneckenmuscheln knackt. Live-Musik und lustige Sportwettkämpfe.

Nassau: Zum *World Music Festival* kommen Jazz-, Reggae- und Rythm & Blues-Bands aus ganz Nordamerikas und der Karibik.

Harbour Island, Eleuthera: Mitte des Monats *North Eleuthera Regatta* mit Musik und Jahrmarkt.

Dezember
Paradise Island: Zu den *Sun International Bahamas Open* kommen einige der besten Tennis-Cracks der Welt.

Nassau: Die *Junior Junkanoo Parade* Mitte Dezember läutet die großen Umzüge zu Weihnachten und Neujahr ein. Wie die Großen wetteifern die Jugendlichen um das beste Kostüm.

★ Nassau: *Junkanoo.* Am zweiten Weihnachtsfeiertag herrscht ab 4 Uhr früh Karnevalsstimmung: Beim farbenprächtigen Umzug tanzt ganz Nassau auf den Straßen. Kleinere Junkanoos finden in Freeport und vielen Orten der Out Islands statt.

COLUMBUS
1492
STOP
LEFT
TURN
ONLY

Koloniales Flair und Sonnenstrände

Die Metropole der Bahamas, einst mondäner Tummelplatz der Reichen, ist heute Bankenzentrum und Badeziel zugleich

Die meisten der jährlich dreieinhalb Millionen Bahamasurlauber vernehmen den klassischen Gruß »*Welcome to the Bahamas*« zum ersten Mal auf *New Providence.* Mit gerade mal 35 km Länge und 12 km Breite gehört diese Insel zwar nicht zu den größten im Lande, doch

Kolumbus vor dem Government House

New Providence ist der touristische Nabel des Staates – mit einem erschlagenden Angebot an Hotels und Resorts, an Läden, Restaurants und Strandvergnügungen. Hier halten sich die meisten Urlauber auf, hier leben 60 Prozent der rund 270 000 Bahamer, der Großteil davon in der Hauptstadt Nassau, die den ganzen Nordosten der Insel einnimmt.

Hotel- und Restaurantpreise

Hotels

Kategorie 1: Hotels und Lodges über 150 B$

Kategorie 2: gute Hotels und Motels unter 150 B$

Kategorie 3: einfache Hotels und Pensionen unter 80 B$

Die Preise gelten für zwei Personen im Doppelzimmer während der Hochsaison (Dezember bis April). Einzelzimmer sind nur unwesentlich billiger. Kinder schlafen im Zimmer der Eltern meist kostenlos oder gegen nur geringen Aufpreis. Bei Buchung eines Hotels im Pauschalpaket kommt man vor allem in der Hochsaison und in den touristischen Zentren Nassau und Freeport günstiger weg, in der Nebensaison sinken die individuellen Preise der Hotels um 20–40 Prozent.

Restaurants

Kategorie 1: über 35 B$

Kategorie 2: 20–35 B$

Kategorie 3: unter 20 B$

Die Preise gelten für ein Abendessen mit Suppe oder Vorspeise, Hauptgericht und Dessert.

Kreuzfahrtschiffe machen auf dem Weg von Florida in die Karibik in Nassau Station

Als Urlaubsadresse ist *Nassau* (**D 9**) nicht das Nonplusultra. Zuviel Verkehr, zuviel Lärm, zuviel Hektik, zuwenig Exotik. Die Ferienhotels haben sich daher in zwei touristischen Zentren etwas außerhalb der Stadt angesiedelt: Das eine ist *Cable Beach,* ein paar Kilometer westlich von Nassau. Wasserratten mit oder ohne Sportgerät und Sportamateure aller Art machen diese Strandmeile zu einem übermütigen Tollhaus. Ein Kasino, zahlreiche Restaurants und Live-Entertainment sorgen dafür, daß die Gäste auch abends nicht in die Stadt entschwinden müssen. Das andere, etwas ruhigere Refugium für erlebnis- und erholungshungrige Besucher ist *Paradise Island,* eine kleine vorgelagerte Insel – durch eine Brücke mit der Stadt verbunden – mit palmengesäumten Stränden, großen Resorthotels und einem Glitzer-Kasino von Weltformat, dem vor allem die amerikanischen Touristen heftig zusprechen.

Nassau selbst liegt zwischen den beiden Strandzentren und wirkt auf den ersten Blick so gar nicht wie eine Metropole. 140 000 Menschen leben hier, doch die Stadt sieht eher aus wie eine etwas aus den Fugen geratene Goldgräbersiedlung – nie geplant, sondern eher willkürlich zu einem kunterbunten Durcheinander herangewachsen. Alte Kolonialhäuser mit Holzbalkonen stehen neben pastellig bemalten Betonbauten der 60er Jahre, von denen hier im tropischen Klima schon wieder der Putz bröckelt. Doch kaum ein Haus ist höher als die Palmen, und die Altstadt, die sich in winkeligem Wirrwarr an den Hügel am Hafen schmiegt, hat durchaus Charme.

Der recht deutsch klingende Name Nassau übrigens, der zunächst nicht gerade tropisch-exotische Urlaubsgefühle weckt, bezeugt die lange Kolonialgeschichte der Stadt. Schon um 1765 ließen sich die ersten Siedler hier nieder, Puritaner aus Neuengland, und der kleine Ort wurde zur kolonialen Hauptstadt ausgerufen. Noch bis 1695 hieß die Siedlung »Charles Town«, benannt nach König Karl II., dann erhielt sie ihren heutigen Namen zu Ehren des englischen Königs Wilhelm III. von Oranien-Nassau. Die folgenden Jahrzehnte waren turbulent: Freibeuter landeten an, um ihre Waren zu verhökern, Spanier und Franzosen nahmen die Stadt vorübergehend ein, und kurzfristig fiel Nassau 1776 sogar amerikanischen Revolutionssoldaten in die Hände. Die Nassauer revanchierten sich später als Blockadebrecher und Schmuggler während des amerikanischen Bürgerkriegs und der Prohibitionszeit.

In den 30er Jahren unseres Jahrhunderts setzte schließlich der moderne Aufstieg Nassaus ein: Amerikanische Millionäre entdeckten die Stadt als Urlaubs- und Investitionsziel. Als 1940 noch der Herzog von Windsor, der abgedankte englische König, als Generalgouverneur der Bahamas eingesetzt wurde, avancierte Nassau zum mondänen, oft skandalumwitterten Treff von Adel und Geldadel. Nach dem Zweiten Weltkrieg folgte dann eine stürmische Entwicklung: Aufgrund günstiger Steuergesetze mauserte sich die Stadt zum internationalen Finanzplatz und – begünstigt durch Klima und Lage – zum Touristenmekka, komplett mit Kreuzfahrthafen und Megahotels.

Nassau und seine Strandbezirke sind heute sicherlich der attraktivste Teil von New Providence. Doch wenn Sie nicht auf die Out Islands weiterreisen, lohnen sich auch eine Tagestour um die Insel per Mietwagen und eventuell einige Bootsausflüge zu den unbewohnten Inseln in der Umgebung. Und auch die prächtige Korallenwelt im warmen, türkisblauen Meer rings um New Providence sollten Sie nicht vergessen – immerhin hat sich dort schon James Bond fotogen in Szene gesetzt.

MARCO POLO TIPS FÜR NEW PROVIDENCE UND NASSAU

1 **Atlantis Resort**
Das spektakulärste Mega-Resort der Bahamas – inklusive einem aufregenden Besuch bei den Haien (Seite 38 und 42)

2 **Fort Charlotte**
Verliese und Folterkammern: eine Festung wie aus dem Mittelalter (Seite 38)

3 **Junkanoo Expo**
Farbenfrohe Eindrücke vom schönsten Karneval der Bahamas (Seite 39)

4 **Pompey Museum**
Die grimmige Geschichte des Sklavenhandels – veranschaulicht im alten Sklavenmarkt (Seite 39)

5 **Sugar Reef Restaurant**
Frischer Fisch: kreativ-karibisch zubereitet und dazu ein Blick über den Hafen (Seite 41)

6 **Tour zu den Exumas**
Eine spritzige Bootstour zu unbewohnten Inseln und einsamen Stränden (Seite 45)

BESICHTIGUNGEN

Altstadt Nassau

Die Innenstadt Nassaus mit ihren fotogenen Regierungsbauten und historischen Gassen läßt sich auf einem halbtägigen Bummel gut erschließen. Am besten beginnen Sie im belebten Herzen der Altstadt, die sich nahe dem Hafen um *Rawson Square* und *Parliament Square* erstreckt. Die Bay Street, die Hauptschlagader Nassaus, trennt die beiden Plätze voneinander. Eine Polizistin im Tropenblazer regelt resolut den Verkehr, Pferde mit Kutschen im Schlepptau und albernen Strohhütchen auf dem Kopf dösen im Schatten und warten auf Kundschaft. Am Nordende des Rawson Square bekommen Sie im Info-Büro des Tourismusministeriums Stadtpläne und Broschüren. Gleich dahinter ragen über der *Prince George Wharf* die turmhohen Kreuzfahrtschiffe auf, die hier auf dem Weg von Florida in die Karibik zum Landgang anlegen. Nach Westen hin erstreckt sich am Wasser der *Woodes Rogers Walk*, von dem aus Glasbodenboote und Wassertaxis ablegen und an dem auch noch einige Fischer ihren Fang entladen.

Am Parliament Square residiert die bahamische Regierung in rosafarbenen Kolonialbauten, die zwischen 1805 und 1813 in neoklassizistischem amerikanischem Südstaaten-Stil erbaut wurden. Vor dem mit weißen Säulen geschmückten *Parliament Building* thront eine Statue der jungen Königin Viktoria. Unmittelbar hinter dem Regierungsgebäude tagt im *Court House* das Oberste Gericht der Bahamas (man darf zusehen, aber nicht in kurzen Hosen). Umrahmt von einem kleinen Park, liegt daneben das alte Gefängnis Nassaus, ein seltsam achteckiger Bau, in dem heute die *Public Library* untergebracht ist (geschichtliche Ausstellungen). In den moderneren Gebäuden der umliegenden Straßen sind meist Banken und Trust-Gesellschaften untergebracht – Nassaus Bedeutung als internationales Bankenzentrum ist ungebrochen.

Weiter nach Westen auf der *Bay Street* liegt das wuselig-hektische Geschäftszentrum der Stadt. Häuser aus georgianischer und viktorianischer Zeit säumen die belebte Hauptstraße, einige bedenklich vergammelt, andere in zarten Pastellfarben adrett herausgeputzt. Tax-free-Shops, Boutiquen, Schmuckgeschäfte, kleinere Kaufhäuser, T-Shirt- und Souvenirläden, Restaurants und Kneipen stehen Spalier. Im fröhlichbunten *Straw Market* herrscht wie üblich reges Treiben. Das Westende der Innenstadt markiert an der Bay Street das *British Colonial Hotel*, ein türmchengekröntes Ungetüm aus den 20er Jahren, das zu Kolonialzeiten einen ähnlich legendären Ruf genoß wie etwa das *Raffles Hotel* in Singapur.

Auf der George Street in südlicher Richtung passiert man die 1841 im gotischen Stil erbaute *Christ Church Cathedral* und steht dann vor dem imposanten, schon 1801 errichteten *Government House*, in dem die architektonischen Strömungen des britischen sowie des amerikanisch-kolonialen Stils vereint sind. Ein weißer, durch einen heroischen Christoph Kolumbus veredelter Treppenaufgang führt zu dem ausladenden pinkfarbenen Sitz des englischen Generalgouverneurs, – der allerdings heute nur noch zeremonielle Aufgaben wahrnimmt.

Einige Schritte weiter östlich führt die Market Street durch den mächtigen Steinbogen des *Gregory Arch* über den Hügel – und genau so, »Over the Hill«, heißt auch das angrenzende Viertel im Volksmund. Jenseits der Innenstadt, auf der anderen Seite des Hügels, siedelten sich ab 1820 viele befreite Sklaven an, und bis heute ist der offiziell *Grant's Town* benannte Bezirk vornehmlich von Schwarzen bewohnt.

Vorüber am Hauptpostamt (das übrigens einen Schalter für Sonderbriefmarken besitzt – eine nette Geschenkidee für Sammler) können Sie dann noch zum *Fort Fincastle* hinaufsteigen und einen Blick über die Stadt werfen. Von hier führen 65 Stufen, die Ende des 18. Jhs. von Sklaven aus dem Kalkstein gehauen wurden, wieder zurück in die Innenstadt. Ihren Namen, *Queen's Staircase*, erhielt diese Treppe erst später zu Ehren der 65jährigen Regentschaft von Königin Viktoria.

Ardastra Gardens **(B 6)**
Die 2 ha große Anlage am Westrand der Stadt ist Botanischer Garten und Zoo in einem – allerdings sind die exotischen Vögel in reichlich kleinen Käfigen untergebracht. Als Hauptattraktion gelten die dressierten Flamingos, die dreimal täglich ihre Kunststücke zeigen. *Tgl. 9–17 Uhr, Eintritt 7,50 B$, Chippingham Road (nahe Fort Charlotte)*

Botanic Gardens **(B 6)**
Eine hübsche Oase für Blumenfreunde: Auf 7 ha blühen tropi-

Fort Fincastle: 1793 als Bastion errichtet, heute ein praktischer Aussichtspunkt

sche Blumen, Büsche und Bäume – insgesamt rund 1600 Pflanzenarten. *Mo–Fr 8–16 Uhr, Eintritt 1 B$, Chippingham Road (nahe Fort Charlotte)*

Coral Island Marine Park (A 6)
Dieser Funpark auf der künstlichen Insel *Silver Cay* ist Aquarium und Gartenanlage zugleich. Ein futuristisch anmutendes Unterwasserobservatorium draußen im Meer informiert über das Leben im Riff, es gibt große Aquarien sowie ein Hai- und ein Schildkrötenbassin. Restaurant. *Tgl. 9 bis 18 Uhr, Eintritt 15 B$, Silver Cay*

Fort Charlotte (B 6)
★ Gouverneur Lord Dunmore ließ die imposante Verteidigungsanlage an der westlichen Stadtgrenze von Nassau 1787 erbauen. Eine veritable Festung mit (trockengelegtem) Wassergraben, Zugbrücke, schaurigen Verliesen und sogar einer Folterkammer. Führer in traditionellen Uniformen erläutern die Burganlage. Von oben bietet sich ein herrlicher Blick auf den Hafen von Nassau und auf *Arawak Cay,* eine künstlich angelegte Insel, auf der die von der Insel Andros herübergeschafften Frischwasservorräte Nassaus gelagert werden. *Tgl. 8.30–16.30 Uhr, Eintritt frei, doch ein Trinkgeld für den Führer ist angebracht, Chippingham Road*

Fort Fincastle (B 4)
In seiner kaum zu bändigenden Angst vor feindlichen Übergriffen ließ Lord Dunmore nach Fort Charlotte im Jahre 1793 auch noch diese Bastion errichten, doch gebraucht wurde sie nie. Vom 38 Meter hohen Wasserturm – dem höchsten Punkt auf der ganzen Insel – bietet sich ein weiter Blick über die Altstadt und den Hafen. Aus der Stadt gut zu erreichen über die Queen's Staircase. *Mo–Sa 9–16 Uhr, Eintritt 50¢*

Paradise Island (A 1–5)
Die nur etwa 5 km lange Insel, die durch eine Brücke *(Mautgebühr 2 B$)* mit Nassau verbunden ist, vereint auf ein paar Quadratkilometern alle Zutaten für einen exklusiven, exotischen Urlaubs-Cocktail: imposante Hotelkomplexe und lauschig kleine Ferienanlagen, Shopping-Arkaden, ein Kasino mit Glitzershows fast wie in Las Vegas, einen Golfplatz und einen palmengesäumten Traumstrand mit puderzuckerfeinem Sand, der sich über die ganze Nordseite der Insel hinzieht.

Paradise Island (damals noch wegen einer alten Farm Hog Island genannt, »Schweineinsel«) wurde in den 30er Jahren vom schwedischen Millionär Axel Wenner-Gren gekauft, der den Hafen ausbaggern ließ (angeblich als zukünftige Basis für deutsche U-Boote!) und sich ein elegantes Domizil baute. Später erwarb der amerikanische Millionär Huntington Hartford die Insel, der den Grundstein für die touristische Entwicklung legte. In den 70er Jahren wurde Paradise Island dann von Hotelkonzernen und dem amerikanischen Filmstar Merv Griffin zum Urlaubsparadies ausgebaut. Sogar Club Med legte hier ein großes Clubdorf an. Die neueste und spektakulärste Anlage ist heute das gewaltige ★ *Atlantis Resort.* Bei einem Bummel auf der Insel sollten Sie hier auf keinen Fall einen

Aquarium des Atlantis Resort

Blick in das große *Aquarium* des Hotels verpassen, wo man sogar in einem 30 m langen Acryltunnel unter den Haien durchspaziert.

Potter's Cay **(B 2)**
Ein Relikt der guten alten Zeit: Am Hafenkai unter der Brücke nach Paradise Island, dort wo die Postschiffe ablegen und die Frachtboote von den umliegenden Inseln ankommen, herrscht jeden Werktagmorgen buntes Treiben. An Ständen werden fangfrische Meeresfrüchte sowie Ananas, Papaya und Bananen von den Out Islands verkauft. Und irgendwo schneidet immer jemand frische Conchs auf und mixt scharfgewürzten *conch salad. East Bay Street/Mackey Street*

The Retreat **(C 1)**
Ein Tip für Hobby-Botaniker: Im großen Park um das Haus der bahamischen Nationalparkverwaltung ist eine Sammlung von rund 170 seltenen Palmen zu bewundern. *Mo–Fr 9–17 Uhr, Eintritt frei, Village Road*

Versailles Gardens **(A 1)**
Eine etwas anachronistische Oase der Ruhe im Rummel von Paradise Island: Millionär Hartford ließ hier 1962 eine französische Klosterruine aus dem 14. Jh. wiederaufbauen und legte dazu einen Park an – wirklich ein Klein-Versailles. Statuen von Herkules bis F. D. Roosevelt zieren die manikürten Gärten, die für Hochzeitsfeiern sehr beliebt sind. *Tgl. 8–20 Uhr, Eintritt frei, Paradise Island Drive*

MUSEEN

Junkanoo Expo **(B 4)**
★ Wer die großen Karnevalsumzüge zu Weihnachten und Neujahr verpaßt hat, sollte sich in dieser Ausstellung umschauen: In einer großen Lagerhalle des Hafens werden die prächtigsten Kostüme und dekorierten Paradewagen aufbewahrt. Führer erläutern die geschichtlichen Hintergründe des Festes, und im Souvenirladen können Sie sich mit allerlei Junkanoo-Schnickschnack eindecken. *Tgl. 9–16 Uhr, Eintritt 2 B$, Prince George Wharf*

Pompey Museum **(B 4)**
★ Im alten Sklavenmarkt, dem Vendue House von 1769, wird heute in Bild- und Schriftdokumenten die Geschichte der Sklaverei auf den Bahamas nacherzählt. Außerdem sind im

Das Nassauer Junkanoo-Museum erzählt vom Anlaß des Festes

Obergeschoß die naiven Malereien des international erfolgreichen bahamischen Künstlers Amos Ferguson zu bewundern. *Geöffnet Mo–Fr 10–16.30, Sa 10 bis 13 Uhr, Eintritt 1 B$, Ecke West Bay Street/George Street*

FÜHRUNGEN

Nassau Walking Tour **(B 4)**
Das Tourismusministerium bietet eine einstündige Führung durch die historische Altstadt an. *Beginn tgl. um 10 Uhr (außer Do und So) am Visitor Centre des Rawson Square.*

RESTAURANTS

Café Martinique
Das berühmteste Lokal Nassaus: Schon James Bond dinierte hier im Film »Thunderball«. Nach wie vor speist man elegant mit Blick über eine Lagune. Gekocht wird französisch mit karibischen Anklängen – besonders die Soufflés zum Nachtisch sind ein Gedicht. Reservierung nötig, Jackettzwang. *Atlantis Resort, Paradise Island, Tel. 809/363-25 18, Kategorie 1*

Coconuts
Beliebtes Steak- und Fischlokal am Hafen mit einer großen, stets überfüllten Bar nebenan. *East Bay Street, Tel. 809/325-21 48, Kategorie 2*

Graycliff
Stimmungsvolles Gourmetrestaurant in einer restaurierten Kolonialvilla am Hügel über der Altstadt. In mehreren Räumen und auf der Veranda des alten Hauses wird feine französisch-

karibische Kost serviert, dazu bietet das *Graycliff* den besten Weinkeller der Inseln. Reservierung nötig, Jackettzwang. *West Hill Street/Blue Hill Road, Tel. 809/322-27 96, Kategorie 1*

Mamma Liddy's

Nettes, sehr typisch bahamisches Lokal im alten Schwarzenviertel »Over the Hill« nur einige Minuten vom Gregory's Arch. Gute Fisch- und Conch-Gerichte. *Market Street, Kategorie 3*

Poop Deck

Beliebtes Szenelokal mit großer Bar und Terrasse am Hafen. Nautisches Dekor, große Auswahl an Fischgerichten und gute Drinks. *East Bay Street, Tel. 809/393-81 75, Kategorie 2–3*

Prince George Rooftop Café

Bahamisches Restaurant im Herzen der Innenstadt. Man sitzt schön kühl im bunt gekachelten Innenraum oder auf der Terrasse draußen. Auch gut geeignet für einen Salat oder eine Fischsuppe zum Lunch. *Prince George Plaza, Bay Street, Tel. 809/322-58 54, Kategorie 2–3*

Rock 'n' Roll Café

Die bahamische Version des Hard Rock Café: direkt am Strand in einem verwinkelten Kolonialbau. Die Küche ist deftig, die Stimmung laut, das Publikum jung – besonders zur Happy Hour ab 16 Uhr. Am Wochenende spielen abends Live-Bands. *Cable Beach, Tel. 809/327-76 39, Kategorie 2–3*

Sugar Reef

★ Gepflegtes Fischrestaurant in einem alten Lagerhaus eines Hafenpiers mit Blick auf die Boote. Bunte Jalousien und Pastellfarben schaffen Tropenfeeling. Serviert wird einfallsreiche karibische Küche. Probieren Sie mal die Krabbenküchlein mit Avocado-Papaya-Creme und *dolphinfish* mit *plantains! East Bay Street/ Deveaux Street, Tel. 809/356-30 65, Kategorie 2*

Tamarind Hill

Tropisch umgrüntes Terrassenlokal mit Karibikflair in einer Wohngegend am Ostende von Nassau. Verfeinerte bahamisch-karibische Küche, viel Fisch und tropische Frucht- und Currysaucen. Meist gute Live-Musik am Wochenende. *Village Road, Tel. 809/393-13 06, Kategorie 2*

Traveller's Rest

Einfaches bahamisches Lokal mit schöner Terrasse am Westende der Insel. Gut zum Lunch bei einer Inselrundfahrt. *West Bay Street, Gambier Village, Tel. 809/327-76 33, Kategorie 3*

EINKAUFEN

Was Sie an der Bay Street nicht finden, das gibt es nicht auf den Bahamas. Von originellen T-Shirts bis zu Parfum und Edel-Uhren. Das Duty-free-Shopping heißt allerdings nicht, daß die guten Sachen wirklich billiger sind. Trotzdem, auch Schauen macht Spaß: *Fendi, Gucci* und *Cartier* residieren mit eigenen Dependancen an der Bay Street. *Barry's* ist bekannt für Edles aus Wolle und Kaschmir. Reinschauen sollten Sie auch in die Kaufhäuser *Little Switzerland, John Bull* und den *Nassau Shop*, das größte Kaufhaus der Stadt. Designerklamotten findet man in beachtlicher Auswahl bei *Leather Masters*, einheimische Mode und teilweise witzige Shirts bei *National Hand Prints.*

Straw Market

Der beliebteste und bunteste Touristenmarkt der Stadt. Hier gibt's Souvenirs aus Stroh in allen erdenklichen Ausführungen, dazu T-Shirts und vielerlei anderen Kram. Ganze Brigaden von Frauen verhökern ihre handgefertigten Hüte, Taschen, Püppchen, Matten und Sandalen oder flechten Touristinnen bunte Perlen ins Haar. *Braiding* nennt sich das und ist als Urlaubshaartracht höchst beliebt. *Mo–Sa 8–18 Uhr, Ecke Bay Street/Market Street*

HOTELS

Atlantis Paradise Island Resort

★ Ferienresort der Superlative – das modernste und spektakulärste der Bahamas. Die 1150 Zimmer verteilen sich auf mehrere Türme mit Blick auf den Strand und den tropisch begrünten Innenhof, wo Sie ein riesiges Erlebnisschwimmbad mit Wasserfällen und Kanälen erwartet. Auch wenn Sie nicht hier wohnen, das Hai-Aquarium und die Unterwassergrotten dürfen Sie sich nicht entgehen lassen. Mehrere Restaurants, großes Kasino, Nachtklub und Showtheater. *P. O. Box N-4777, Nassau/Paradise Island, Tel. 809/363-3000, Fax 363-3724, Kategorie 1–2*

Bayview Village

Gepflegte, gut geführte Ferienanlage mit 75 individuellen Apartments im ruhigen Ostteil von Paradise Island. Um die kleinen Häuser rankt sich tropisches Grün, dazwischen eingebettet liegen drei Pools. Zum Strand sind es etwa 10 Minuten zu Fuß. Die Gäste sind überwiegend Europäer. *P. O. Box SS-6308, Nassau/Paradise Island, Tel. 809/363-2555, Fax 363-2370, Kategorie 2*

British Colonial Beach Resort

Der rosafarbene Kolonialbau von 1922 gehört heute zur Best-Western-Kette und ist das einzige größere Hotel in Nassau selbst. Ein guter Standort für ei-

Hochzeit unter Palmen

Wenn Sie Heirat und Flitterwochen gleich kombinieren wollen, steht dem auf den Bahamas nichts im Wege. Das Plätzchen, wo Sie sich das Jawort geben, kann sogar frei gewählt werden: in einer der kolonialen Kirchen, blumenumrahmt im Botanischen Garten, sogar unter Wasser auf einem Korallenriff oder unter Palmen am Traumstrand. Reiseveranstalter und die Hotels vor Ort helfen bei der Planung. Erforderlich sind lediglich der Reisepaß sowie die Geburtsurkunde und ein Auszug der Meldebehörde von zu Hause (beides auf englisch übersetzt und beglaubigt). Mindestalter ist 18 Jahre. Gegen eine Gebühr von 40 B$ beantragen Sie in Nassau beim *Registrar General* die Heiratslizenz (auf den Out Islands erledigen das die örtlichen *Commissioner*) – drei Tage später kann geheiratet werden.

nige Stadttage. Zwei Restaurants, Pool, Tennisplätze und Wassersportangebote am Strand. *325 Zi., P. O. Box N-7148, Nassau, Tel. 809/322-33 01, Fax 322-22 86, Kategorie 2*

Dillet's Guest House

Familiäre Frühstückspension in einem liebevoll restaurierten alten Haus mit großem Garten am Rand der Innenstadt. Einfach, aber picobello sauber und sehr gemütliche Atmosphäre. Schön für ein paar Nächte in der Stadt. *8 Zi., P. O. Box N-204, Nassau, Tel. 809/325-11 33, Fax 325-71 83, Kategorie 3*

Nassau Marriott Resort

Ein gewaltiger Hotelkomplex im Herzen der Action am Cable Beach. 857 modern gestylte Zimmer, mehrere Restaurants und Pools, dazu ein großes Kasino, ein Golfplatz und Shows am Abend. *P. O. Box N-8306, Nassau, Tel. 809/327-62 00, Fax 327-64 59, Kategorie 1*

Ocean Club

Mit Abstand die eleganteste und beste Herberge der Stadt: Ein geschmackvoller Bau im Kolonialstil mit ruhigem, eigenem Strand und herrlichem Garten. Individueller Service und ein hervorragendes Restaurant. Das Hotel gehört zum nahen Atlantis Resort, so daß man auch dort sämtliche Anlagen nutzen kann. Tennis, Golf, etc. *71 Zi., P. O. Box N-3707, Nassau/Paradise Island, Tel. 809/363-30 00, Fax 363-25 01, Kategorie 1*

Park Manor

Einfache Billigpension mit nur 19 Zimmern im Herzen der Altstadt nahe dem Gregory's Arch. Kleine, saubere Zimmer, Swimmingpool und freundliches Personal. *P. O. Box N-4164, Nassau, Tel. und Fax 809/325-35 54, Kategorie 3*

Pirate's Cove Holiday Inn

Gutes Mittelklassehotel an einem schönen Strandabschnitt und mit einem Piratenschiff in der Poolanlage. Sehr kinderfreundlich. *564 Zi., P. O. Box NSS-6214, Nassau/Paradise Island, Tel. 809/363-21 01, Fax 363-33 86, Kategorie 2*

Red Carpet Inn

Einfaches, freundliches Motel am Ostende der Stadt mit 45 Zimmern und hübsch begrüntem Innenhof. *P. O. Box SS-6233, Nassau, Tel. 809/393-79 81, Fax 393-90 55, Kategorie 2–3*

Sandals Royal Bahamian

Es darf geturtelt werden: ein luxuriöses Strandresort nur für Pärchen. Mit Hängematten unter Palmen, stilvoller Poolanlage, romantischen Kerzenschein-Dinners und Honeymoon-Suiten. Die allfällige Hochzeit auch für internationale Gäste wird auf Wunsch arrangiert (s. nebenstehender Kasten). *196 Zi., P. O. Box CB-13005, Nassau/Cable Beach, Tel. 809/327-64 00, Fax 327-69 61, inkl. Vollpension und Aktivitäten Kategorie 1*

Sivenanda Ashram Retreat

Mal etwas ganz anderes: ein Yoga-Zentrum am Strand. Sehr einfache Mehrbettzimmer in 35 Hütten, vegetarische Küche, Meditationen und Kurse. *P. O. Box N-7550, Nassau/Paradise Island, Tel. 809/363-29 02, Kategorie 3*

JUGENDHERBERGE

Casa Martha

Die einzige Jugendherberge der Bahamas, einfach, aber okay. *23 Delancey Street, P.O. Box N-4432, Nassau, Tel. 809/356-56 36, Kategorie 3*

SPIEL UND SPORT

Die Hotels an den Stränden von Cable Beach und Paradise Island bieten alles für den Wassersport: Jetskiing, Parasailing, Wasserskifahren ... Meist können die Aktivitäten an kleinen Ständen direkt am Strand gebucht werden.

Atlantis Submarine

Für Wasserscheue: Tauchfahrten per U-Boot zu den Riffen in 30 m Tiefe vor der Küste. Abfahrt von der Prince George Plaza. *Tel. 809/396-38 42*

Barefoot Sailing Cruises

Halb- und ganztägige Segeltörns mit Schnorchelpausen und Lunch auf einer einsamen Insel. *Tel. 809/393-08 20*

Blue Lagoon Island

Tagesausflüge zu einer winzigen, unbewohnten Insel mit Drinks, Sport und Spaß. *Tel. 809/363-35 77*

Golf

Drei gute 18-Loch-Plätze stehen zur Auswahl: am *Cable Beach*, auf *Paradise Island* und der *South Ocean Golf Course* im ruhigen Südwestteil der Insel. Greenfees liegen bei *50–90 B$* inklusive Wagen.

Hatley's Undersea Walk

Ein witziges Unterwassererlebnis für Nichttaucher: Mit einem luftgefüllten Helm wandert man über den Meeresgrund. *East Bay Street, Tel. 809/393-82 34*

Tauchen

Die besten Riffe liegen vor der Nordwestküste und der Südküste von New Providence, dazu gibt es Schiffswracks und ein Blue Hole zu entdecken. Die Tauchfirmen organisieren auch Exkursionen zu anderen Inseln. Gute Tauchkurse und Touren z.B. bei *Bahama Divers (Tel. 393-56 44), Nassau Scuba Centre (Tel. 362-19 64)* oder *Stuart's Cove Dive South Ocean (Tel. 362-41 71).*

AM ABEND

Die meisten Strandbars und auch die Lokale in der Stadt bieten zur Happy Hour zwischen 16 und 19 Uhr Drinks zum halben Preis an. Beliebte Treffs sind in der Stadt z.B. der britisch gestylte Pub *Green Shutters (48 Parliament Street)* und das *Pick-a-Dilly (18 Parliament Street).* Ab 19 Uhr sind dann die Fun-Restaurants und ihre Bars gut gefüllt, etwa das *Poop Deck (East Bay Street)* oder das *Le Shack (East Bay Street).* Danach geht's weiter in die Szenediskos wie etwa *Club Waterloo (East Bay Street)* oder *The Zoo (West Bay Street).* Bahamische Bands treten meist im *Culture Club (Nassau Street/Bay Street)* auf. Die Hotelresorts bieten ebenfalls Nachtklubs, und die großen Kasinohotels *Atlantis* und das *Nassau Marriott* zeigen abends große Shows im Revuestil.

AUSKUNFT

Bahamas Ministry of Tourism

Informationszentren am Flughafen sowie am Rawson Square unmittelbar beim Kreuzfahrtdock, *tgl. 9–17 Uhr* geöffnet. Postadresse: *P.O. Box N-3701, Nassau, Tel. 809/322-75 00, Fax 328-09 45*

ZIELE IN DER UMGEBUNG

Inselrundfahrt auf New Providence

Die nur 35 km lange, fast völlig flache Insel New Providence läßt sich auf einer Tagestour mit dem Mietwagen leicht erschließen. Am besten fährt man zunächst auf der Bay Street immer westwärts: vorüber an Fort Charlotte und den Hotelkomplexen von Cable Beach weiter entlang der Küste. Hinter Pinien- und Palmenhainen ahnt man luxuriöse Anwesen – die Sie zum Teil vielleicht aus Filmen kennen. In der großen Villa am *Rock Point* etwa wurden viele Szenen des Bond-Thrillers »Thunderball« gedreht.

Einige hundert Meter weiter liegen die *Caves*, Höhlen im Kalkgestein, in denen einst Arawak-Indianer hausten und später angeblich Piratenschätze versteckt wurden. Kurz danach folgt *Gambier Village*, ein traditionelles kleines Dorf, wo sich schon ab 1810 befreite Sklaven ansiedelten. Nahebei liegen die in der Rockszene legendären (leider nicht zugänglichen) *Compass Point Studios* des Produzenten Chris Blackwell, in denen schon Mick Jagger und eine Reihe anderer Stars Platten aufnahmen.

Das westliche Ende der Insel markiert *Lyford Cay*, dessen Beiname »Beverly Hills der Bahamas« keineswegs übertrieben ist. In dieser exklusiven Privatsiedlung haben die Fords, die Rockefellers und die Vanderbilts sowie VIPs wie Sean Connery und Eddie Murphy ihre Residenzen. Ein schwerbewachtes Tor verwehrt ungebetenen Besuchern den Zutritt.

Bei der Weiterfahrt über die South West Road und die Adelaide Road streift man an der noch wenig erschlossenen Südküste die *Bacardi Rum Plant*, in der große Mengen des bekannten Rums und verschiedene andere Alkoholika destilliert werden. Offiziell gibt es keine Führungen, doch auf eine Kostprobe der hochprozentigen Rachenputzer ist jeder Gast willkommen. Doch Vorsicht, die Rückfahrt steht noch bevor: entweder direkt über die Bluehill Road oder mit einem Abstecher über Robinson Road/ Prince Charles Avenue über die Ostspitze der Insel, wo zumeist einfache Wohngebiete die Straße säumen. Die Fahrt vom *East End* entlang der Küste zurück in die Stadt ist dann allerdings wieder ganz reizvoll. Man passiert an der ebenfalls strandgesäumten Montagu Bay die Überreste des 1741 erbauten *Fort Montagu*, das einst den östlichen Hafeneingang Nassaus bewachte.

Tagestour zu den Exumas

★ Mehrere Firmen bieten Ausflüge zu den einsamen Inselchen der nördlichen Exumas an – zum Tauchen, Schnorcheln, Baden und zum Beobachten der bis zu einen Meter langen Iguanas, urzeitlich anmutender Reptilien. Auch die einstündige Fahrt selbst zu den rund 60 km entfernten Eilanden ist recht reizvoll – mit 900-PS-Motorbooten im Rausch der Geschwindigkeit. Buchen kann man beispielsweise bei *Powerboat Adventures, Tel. 809/327-53 85, Preis ca. 150 B$*

GRILL
32 33
Weketchem Jr.

Urlaubsträume vom Reißbrett

Golfplätze, Shopping-Märkte und Strandhotels – Freeport ist wie Klein-Canaria

Wer den Robinsonurlaub auf der einsamen Insel sucht, der ist in Freeport falsch am Platz. Buntes Treiben am Strand ist angesagt, Sport und Spaß, Rummel in den Spielkasinos, Diskofieber und Glitzershows am Abend – die Insel Grand Bahama (**C–D 7**), eine der nördlichsten im Staate, ist dabei, sich zu einem Touristenmekka zu entwickeln. Nicht zuletzt, weil die Insel nur 90 km vor der Küste Floridas liegt. Für die Amerikaner ist es nur ein kleiner Hopser per Flugzeug oder eine kurze Bootsfahrt von Palm Beach oder Miami hierher. Und sie kommen in Massen: vor allem zum zollfreien Einkaufen und zum Glücksspielen.

Daher ist Grand Bahama, obwohl mit rund 1400 qkm Fläche nur die viertgrößte Insel des Landes, gleich nach Nassau die beliebteste und am besten erschlossene. Rund eine halbe Million Besucher bräunen jedes Jahr an den langen, weißen Sandstränden entlang der Südküste. Dazu kommt noch eine Million Kreuzfahrtpassagiere nach Freeport. Von diesen Kurzurlaubern laufen die allermeisten jedoch nur ein paar Stunden durch den Shoppingbazaar oder laden im Kasino einige Dollar ab: willkommene Devisenbringer, die Arbeitsplätze schaffen für die schnell wachsende Bevölkerung der Insel. Knapp 50 000 Menschen leben heute hier und machen Freeport zur zweitgrößten Stadt des Inselstaates. Die meisten sind Bahamer, doch es gibt mittlerweile auch eine stattliche Kolonie betuchter Amerikaner und Europäer, die mit einem Wohnsitz in Freeport der Vermögens- und Erbschaftsteuer ihrer Heimatländer ein Schnippchen schlagen.

Noch vor ein paar Jahrzehnten ahnte niemand diese steile Karriere von Grand Bahama. Die dichtbewaldete, ganz flache Insel am Nordrand der Little Bahama Bank ist eine echte Spätentwicklerin, sie war sogar die letzte der größeren Inseln, die besiedelt wurde. Erst um 1835 ließen sich hier Siedler nieder, zumeist befreite Sklaven von anderen Inseln, die recht und schlecht als Fischer und Wrackplünderer ihr

Der Port Lucaya Marketplace ist Einkaufs- und Vergnügungszentrum im zollfreien Freeport

MARCO POLO TIPS FÜR GRAND BAHAMA UND FREEPORT

1 Garden of the Groves
Tropenstimmung mit bunten Blüten, Palmenhainen und seltenen Schildkröten (Seite 49)

2 Lucaya National Park
Höhlen im Kalkfels und schöne Lehrpfade durch die bahamische Natur (Seite 49)

3 Pier One
Frischer Fisch mit Blick auf den Hafen – und blutgierige Haie unten im Wasser (Seite 50)

4 Port Lucaya Marketplace
Der schönste Treff zum Flanieren und für einen Drink am Yachthafen (Seite 49)

Leben fristeten. Dann passierte lange nichts. Erst zur Zeit der Prohibition machte die Insel von sich reden: als Basis der Rumschmuggler.

Die Wende hin zur modernen Entwicklung kam schließlich vor 40 Jahren: Unterstützt von einigen anderen Finanziers schlug Wallace Groves, ein amerikanischer Industrieller aus Virginia, der bahamischen Regierung einen Deal vor: Er versprach, in einer Sonderzone auf Grand Bahama ein Industrie- und Tourismuszentrum zu schaffen – als Gegenleistung wollte er Steuerfreiheit und weitgehende Selbstverwaltungsrechte. 1955 wurde das »Hawksbill Creek Agreement« unterzeichnet: Wallace Groves' neugegründete »Port Authority« erhielt die Kontrolle über rund 500 qkm Land im Mittelteil der Insel und begann, die auf dem Reißbrett geplante Stadt Freeport zu bauen. Zwar gab es reichlich Rückschläge, doch der Plan ging letztendlich auf: Heute produzieren pharmazeutische und High-Tech-Firmen hier, im Freihafen wird Öl umgeschlagen, die Kasinos und Hotels florieren. 1993 wurde der Sonderstatus von Freeport sogar bis zum Jahr 2054 verlängert.

Die meisten Besucher kommen über die Touristenzone von Freeport/Lucaya nie hinaus. Für eine Woche findet sich genug Abwechslung: am Strand, auf den Golf- und Tennisplätzen und in den Kunstwelten der Kasinos und Nachtklubs. Doch Grand Bahama hat noch andere Seiten – und die sollten Sie nicht außer acht lassen. Nur der Mittelteil der rund 150 km langen Insel ist ausgebaut, die beiden Enden sind nach wie vor bahamisch ruhig und ursprünglich. Ein oder zwei Tagestouren lohnen sich: zu verträumten Dörfern mit bunten, karibisch anmutenden Häuschen, zu den Höhlen im Lucaya National Park oder zu einer der vorgelagerten winzigen Inseln. Entlang des Weges lassen sich dort auch einsame Strände entdecken, wo dann vielleicht doch ein bißchen Robinson-Feeling aufkommt.

BESICHTIGUNGEN

Freeport/Lucaya (C 7)
Die Orientierung auf Grand Bahama ist nicht schwer: Hauptort der Insel ist unmittelbar südlich des Flughafens *Freeport*, das trotz seines Hafennamens etwas im Inland liegt. Dreh- und Angelpunkt des Ortes ist der Verkehrskreisel des *Ranfurly Circus*, an dessen Nordwestecke der International Bazaar und das Princess Casino liegen – Tummelplätze vor allem für die Tagestouristen aus Florida. Direkt nördlich davon erstreckt sich um die *East und West Mall* das kleine Zentrum mit Post, Krankenhaus, einigen Banken, Läden und dem rosafarbenen Kolonialbau der Port Authority. Nach Süden hin führt die Mall zum *Xanadu Beach*, wo übrigens im *Xanadu Beach Hotel* der verschrobene Milliardär Howard Hughes – hermetisch abgeschirmt von der Umwelt – seine letzten Jahre verbrachte, ehe er 1976 starb.

Der *Sunrise Highway*, der Freeport mittig durchschneidet, führt vom Ranfurly Circle nach Osten zum Strandvorort *Lucaya*, wo an den feinen weißen Stränden die meisten Hotels der Insel stehen. Mittelpunkt des Viertels und beliebteste Flaniermeile ist der *Port Lucaya Marketplace*. Nach Osten ziehen sich weitere Strände wie *Taino Beach* oder *Fortune Beach*, im Inland liegen Wohngebiete und Golfplätze.

Garden of the Groves
★ Der rund 5 ha große Botanische Garten mit hübschen Wasserfällen, kleinen Teichen und Felslandschaft ist ein echtes Schmuckstück. Zwar ist die Beschilderung der vielfältigen tropischen Blumen und Büsche nicht immer ganz vollständig, aber die lauschige Tropenstimmung entschädigt dafür. Ein kleines Museum am Eingang zeigt Ausgrabungsfunde aus der Zeit der Lucayo-Indianer. *Mo–Fr 9–16, Sa u. So 13–16 Uhr, Eintritt 5 B$, Midshipman Road/Magellan Drive*

International Bazaar
Disneyland läßt grüßen im verwinkelten Shopping-Dorf mit Gassen, die nach verschiedenen Ländern gestaltet sind: Marokko, Peru, China etc. Über 100 Läden und Restaurants und dazu ein fotogener Strohmarkt im hinteren Teil. *Ranfurly Circus*

Lucaya National Park (C 7)
★ Geschaffen wurde dieser Park 1982 vor allem, um einen Teil des gewaltigen, zumeist unter Wasser liegenden Höhlensystems im Kalkgestein von Grand Bahama zu schützen. Der Eingang einer Höhle ist zugänglich, hier leben im Sommer Fledermäuse. Oberirdisch führen einige Lehrpfade durch typische Ökosysteme der Insel, durch Kiefernwälder und Mangrovensümpfe, in denen im Frühjahr Bromelien und Orchideen blühen. Auch die nur auf den Bahamas vorkommenden Curly Tailed Lizards, eine kleine Echsenart, sind hier häufig zu sehen. Besonders schön: der ruhige *Gold Rock Beach* an der Küste des Parks. *30 Minuten Fahrt östlich von Freeport*

Port Lucaya Marketplace
★ Ein großes Einkaufs- und Vergnügungszentrum am Yachthafen, stimmungsvoll gestaltet mit Stelzenhäusern, Holzbalkonen

und Promenade am Wasser. Um den *Count Basie Square* (der legendäre Jazzer lebte auf Grand Bahama) reihen sich Bars und Restaurants; abends finden auf dem Platz häufig Shows und Konzerte statt. *Sea Horse Road, Lucaya Beach*

Princess Casino

So kitschig, daß es schon wieder schön ist: In einem maurisch gestylten Phantasiepalast lockt ein riesiges Spielkasino die Zocker an – mit Reihen von ratternden Maschinen, Poker- und Blackjack-Tischen. (Die Einheimischen dürfen übrigens ihr Geld hier nicht verspielen.) *West Sunrise Highway/Ranfurly Circus*

Rand Nature Centre

Das 40 ha große Naturschutzgebiet bewahrt die ursprüngliche Vegetation und Vogelwelt der Insel: Kiefernmischwald, in dem wilde Guaven, Mahagonibäume und kleine Palmenarten gedeihen. Neben bahamischen Papageien leben hier – sehr fotogen – an einem kleinen Teich auch Flamingos. *Mo–Sa 9–16 Uhr, Führungen um 10 und 14 Uhr, Eintritt 5 B$, East Settler's Way*

RESTAURANTS

Banana Bay

Nettes, nautisch dekoriertes Tagesrestaurant mit Strandklub und Bar. *Fortune Bay Drive off Midshipman Road, Tel. 373-29 60, Kategorie 3*

Buccaneer Club

Sehr beliebtes, alteingesessenes Dinnerrestaurant an einem abgelegenen Strand; bahamische und schweizerische Küche. Besonders schön zum Sonnenuntergang. *Westlich von Freeport, Deadman's Reef, Tel. 809/352-57 48, Kategorie 2*

Fatman's Nephew

Bahamisch-amerikanische Kost in Riesenportionen; schöne Terrasse mit Blick über den Yachthafen. *Port Lucaya Marketplace, Kategorie 2–3*

Lucaya Golf & Country Club

Elegantes Restaurant mit internationaler Küche und Blick über den Golfplatz. Auch schön zum Lunch. *Nahe dem Balao Drive, Tel. 809/373-10 66, Kategorie 2*

Pier One

★ Rustikales Fischlokal in einem malerischen Stelzenbau am Hafen. Etwas verfeinerte bahamische Kost und internationale Küche. Nehmen Sie einen Platz auf der Terrasse: Abends um 8 ist Haifütterung. *Freeport Harbour, Tel. 809/352-66 74, Kategorie 2–3*

Stoned Crab

Rustikales, stimmungsvolles Dinnerrestaurant mit Blick auf den Strand. Gute Langusten und Krebse. *Taino Beach, Tel. 809/373-14 42, Kategorie 2*

Surfside Restaurant

Einfaches Strandlokal mit bahamischen Fischgerichten. Mittwochabend ist nebenan im Outrigger Restaurant ein »Fish Fry« am Strand. Abholung von den Hotels. *Taino Beach, Tel. 809/373-18 14, Kategorie 3*

EINKAUFEN

Die beste Auswahl bieten die Shops des *Port Lucaya Marketplace* und des *International Bazaar*, wo

Sie neben zahlreichen internationalen Boutiquen auch Strohmärkte mit bahamischen Mitbringseln finden.

Perfume Factory
Hier können Sie sich Ihr eigenes Parfum mixen lassen, ganz nach persönlicher Duftvorliebe. *Beim International Bazaar, East Mall Drive*

HOTELS

Atlantik Beach Hotel
Ein sehr angenehmes Firstclass-Hotel der Clarion-Kette unter schweizerischem Management. 123 individuell geschnittene, große Zimmer in einem Turmbau mit Blick über den Lucaya-Beach. Pool, Restaurant und ein eigener 18-Loch-Golfplatz. Gute Pauschalangebote für Golffreunde und Taucher. *P. O. Box F-42500, Freeport, Tel. 809/737-14 44, Fax 373-74 81, Kategorie 2*

Lucayan Beach Resort
Weitläufiges Strandhotel, schon etwas älter, aber sehr gepflegt und mit palmenumrahmter Gartenanlage. Tennis, Restaurant und Spielkasino. *247 Zi., P. O. Box F-2496, Freeport, Tel. 809/373-77 77, Fax 373-69 19, Kategorie 1–2*

Club Fortuna
Italienisches Klubdorf mit großem Sportangebot, schönem Strand und internationalem Publikum. Vollpension und zahlreiche Aktivitäten inklusive. *204 Zi., P. O. Box F-42398, Freeport, Tel. 809/373-40 00, Fax 373-55 55, Kategorie 2*

Sun Club Resort
Ein sehr einfaches Billighotel nahe der Innenstadt von Freeport; Restaurant, Pool, Shuttlebus zum Strand. *47 Zi., P. O. Box F-1808, Freeport, Tel. 809/352-34 62, Fax 352-57 87, Kategorie 3*

Im Rand Nature Centre findet man Ruhe und Erholung

Thompson's Real Estate Co.
Tage- und wochenweise Vermietung von Ferienapartments und Privathäusern auf der ganzen Insel. Auch gut für Langzeiturlauber. *P.O. Box F-43221, Freeport, Tel. 809/373-90 50, Fax 373-14 29, Kategorie 1–2*

Xanadu Beach Resort
Gepflegtes First-class-Hotel mit schönem Strand und 178 geschmackvoll möblierten Zimmern in tropischen Pastellfarben. Restaurant, gutes Wassersportangebot. *P.O. Box F-2438, Freeport, Tel. 809/352-67 83, Fax 352-57 99, Kategorie 1–2*

SPIEL UND SPORT

Club Caribe
Beliebter Strandklub für allerhand Aktivitäten wie Jetskiing und Parasailing mit Restaurant und guten Drinks. Freie Abholung vom Hotel. *Am Churchill Beach östlich der Stadt. Tel. 809/373-68 66*

East End Adventures
Ganztägige Jeeptouren ins stille Hinterland der Insel mit Besuch des Lucayo National Park, Wanderungen und Picknick am Strand. *Tel. 809/373-66 62*

Pinetree Stables
Mehrmals täglich werden Ausritte am Strand angeboten; auch Reitstunden. *Beachway Drive, Tel. 809/373-36 00*

Reef Tours
Schnorcheltouren zu den Riffen vor der Südküste. Für Wasserscheue auch Fahrten mit Glasbodenbooten. *Port Lucaya, Tel. 809/373-58 80*

Unexso, Underwater Explorers Society
Große, renommierte Tauchschule mit mehreren Tauchgängen täglich zu den Riffen vor der Südküste; attraktives und spannendes Angebot: Wracktauchgänge und Nachttauchen, außerdem Haifütterung und Schwimmen mit den Delphinen.

Grand Bahama ist übrigens auch ein beliebtes Ziel für Schatztaucher: 1964 wurde hier beispielsweise das Wrack der spanischen Galeone *Maravilla* mit reicher Beute an Golddublonen entdeckt. *Port Lucaya Marketplace, Tel. 809/373-12 44*

Golf
Für Golfer bieten sich hier die besten Bedingungen aller Bahamainseln: Zum Princess Resort gehören zwei Meisterschaftsplätze, der sehr schön angelegte Lucaya-Golfplatz des Atlantik Beach Hotel wurde bereits 1962 von Golf-Guru Dick Wilson entworfen. Hinzu kommen zwei weitere Privatplätze auf der Insel. Die Hotels arrangieren T-Times auf allen Plätzen.

AM ABEND

Bunte karibische Dinnershows werden allabendlich im *Princess Resort* und im *Lucayan Beach Resort* veranstaltet. Zum echten Nachtleben gehen Sie aber besser in die Klubs der größeren Hotels oder in den *Club Estee* im Port Lucaya Marketplace, wo sich bei Diskosound die schicke Szene trifft. Im *Pusser's Pub* am Count Basie Square einige Schritte weiter sitzt man schön zum Drink. Zocker gehen ins *Princess Casino* (s. S. 50).

Das Princess Casino ist Anziehungspunkt für ausländische Gäste

AUSKUNFT

Grand Bahama Island Tourism Board
Info-Zentrum im International Bazaar. Postadresse: *P. O. Box F-40251, Freeport, Tel. 809/352-83 56, Fax 352-78 49*

ZIELE IN DER UMGEBUNG

East End **(D 7)**
Fast 100 km weit verläuft der Queens Highway entlang der Küste bis zur Ostspitze der Insel. Nehmen Sie sich (bewaffnet mit Badezeug und Moskitomittel) einen ganzen Tag hierfür Zeit: Zu einem Besuch des Lucaya National Park und zum Bummel durch eines der stillen Dörfer wie *High Rock* oder *Pelican Point* mit schönen Stränden und kleinen Fischerhäfen. In *McLean's Town* am Ende der Straße können Sie sich für 30–50 B$ von einem Fischer zum Schnorcheln an eines der Riffe fahren lassen oder weiter nach *Sweeting's Cay*, einem abgeschiedenen Conch-Fischerdorf, natürlich mit Hafenbar.

West End **(C 7)**
Zur besser erschlossenen Westspitze der Insel sind es von Freeport nur etwa 40 km. Doch auch hier taucht man schnell in ländlich-bahamische Dörfer ein – mit bunten Häusern, kleinen Kirchen und großen Haufen von Conch-Schalen am Straßenrand. Am Strand von *Eight Mile Rock* ist ein »Boiling Hole« zu sehen, einer der Eingänge des unterirdischen Höhlensystems auf Grand Bahama. Bei einsetzender Flut schäumt das Wasser hier auf, als würde es kochen. Am Deadman's Reef bei *Holmes Rock* läßt es sich gut schnorcheln, und die kleinen Bars am Wegesrand servieren guten Conch-Salat und kaltes Bier. Das kleine *West End* am Ende der Insel hat schon bessere Zeiten gesehen: Während der 20er Jahre war es ein Zentrum der Rumschmuggler, die von hier nachts nach Florida übersetzten.

HAPPY
Christine

Fischerdörfer aus dem Bilderbuch

Grüne Perlen im strahlend blauen Meer: Die Abacos sind ein ideales Ziel für den Aktivurlaub

Als klar umgrenzte Inselgruppe innerhalb der Bahamas sind die Abacos auch eine Welt für sich – und sich selbst genug. Während die Gesamtbevölkerung auf den Bahamas zu 85 Prozent schwarzer Hautfarbe ist, sind die knapp 10 000 Bewohner der Abacos – ein manchmal recht starrköpfiges, wortkarges Völkchen – fast zur Hälfte weiß. Man ist stolz auf die Abstammung von den loyalistischen Siedlern aus Neuengland, man ist stolz auf die lange Tradition als Bootsbauer und Fischer, als Wrackplünderer und Schmuggler. Und in manchen der putzigen Dörfer läuft das Leben noch so langsam und beschaulich wie vor hundert Jahren.

Dennoch besitzen die Abacos unter den Out Islands noch die beste touristische Infrastruktur. Sie zählen zu den nördlichsten Inseln der Bahamas, sind von Florida aus schnell zu erreichen und wurden daher zu einem beliebten Ziel der amerikanischen Yachturlauber. Überall gibt es gute Hotels mit herrlichen Stränden; Boote und Windsurfboards sind zu mieten, und in den geschützten kleinen Buchten läßt es sich ausgezeichnet Schnorcheln – ein perfektes Ziel für den Erlebnisurlaub in ruhiger Inselbeschaulichkeit.

Neuengland-Stimmung in Hope Town

Wie viele der anderen bahamischen Archipele wird auch Abaco häufig als Einzelinsel bezeichnet, doch in Wahrheit umringen die gut 150 km lange Hauptinsel Abaco Island noch mehrere hundert Eilande, die sich in weitem Bogen am Ostrand der Little Bahama Bank hinziehen. Abaco Island vorgelagert, erstreckt sich zum Atlantik hin eine Kette von Cays. Diese großen Riffinseln umschließen die bei Seglern sehr beliebte *Sea of Abaco,* einen geschützten, fast 100 km langen Sund.

Auf den Cays liegen auch die hübschesten Orte der Abacos: kleine Bilderbuchdörfer mit bunten Holzhäusern, die geradewegs aus Neuengland zu stammen scheinen. Der Schein trügt nicht, denn die ersten Siedler der Abacos waren königstreue Briten, die nach der Amerikanischen Revolution von Massachusetts und später auch Carolina hierher flohen. Rund 600 kamen zwischen

MARCO POLO TIPS FÜR DIE ABACOS

1 Great Guana Cay
Ein Traumstrand, ein putziges Dorf – fertig ist das Ausflugsziel (Seite 60)

2 Harbour's Edge
Das schönste Plätzchen für ein kaltes Kalik-Bier mit Hafenblick (Seite 58)

3 Hope Town Hideaways
Ferienhäuser am Strand für die Flucht aus dem Alltag (Seite 58)

4 Mangoes Restaurant
Gute Küche, potente Drinks und Blick auf die Yachten (Seite 59)

5 New Plymouth Inn
Eine historische Villa – perfekt für einige Inseltage mit Karibik-Feeling (Seite 61)

6 Pelican Cays Land & Sea Park
Schutzgebiet für Meeresschildkröten und bunte Korallengärten (Seite 58)

1783 und 1788. Und bis heute sind die meisten Einwohner der Cays Nachfahren dieser Loyalisten – leicht zu erkennen an Namen wie Albury, Sawyer, Lowe oder Malone.

Zuerst versuchten die Siedler auf Abaco Island von der Landwirtschaft zu leben, fanden allerdings bald heraus, daß der Boden nicht genug hergab. So zogen sie auf die vorgelagerten Cays, wurden Fischer und Bootsbauer und plünderten die zahlreich strandenden Schiffe vor ihren Küsten. *Wrecking* nannte man das, und es war ein sehr respektables Gewerbe auf den Abacos. Heute strandet dank der Leuchttürme kaum mehr ein Schiff – und so versucht man nun den durchreisenden Yachten anderweitig etwas Geld abzuknöpfen.

Die schönste Art, sich die Abacos zu erschließen, ist die vom Wasser aus. Fähren verkehren von Marsh Harbour nach Hope Town, Man-o-War Cay und Guana Cay und von Treasure Cay aus nach New Plymouth. Quartieren Sie sich am besten dort oder auch in Marsh Harbour, dem größten Ort der Abacos, in einem Hotel ein, genießen Sie die herrlichen, feinsandigen Strände, und mieten Sie sich dann für einen oder mehrere Tage ein eigenes kleines Motorboot. Dessen Handhabung ist einfach, ein Führerschein nicht nötig – und so lassen sich die einsamen Strände, kleinen Inseln und Schnorchelplätzchen in der ruhigen Sea of Abaco am besten erkunden.

HOPE TOWN

(**E 7**) Hope Town ist ohne große Übertreibung das hübscheste Städtchen der Abacos und der perfekte Standort für eine Urlaubswoche. Der Ort liegt an einer natürlichen Hafenbucht auf *Elbow Cay*, einer schmalen Insel nur 15 Minuten Fährfahrt von Marsh Harbour entfernt. Schon bei der Anfahrt ist das Wahrzeichen von Hope Town zu sehen: der 36 m hohe, rotweiß gestreifte Leuchtturm auf der Westseite des Hafens – vielleicht das beliebteste Fotomotiv der Bahamas. Seit gut 130 Jahren weist er Booten den Weg in den schmalen Hafeneingang, und noch heute wird er per Hand betrieben. Besonders am Nachmittag bietet sich, nach einer steilen Kletterpartie, von der Plattform an der Spitze des Turms ein herrlicher Blick über das Städtchen.

Das gemütliche Leben Hope Towns spielt sich entlang der beiden einzigen, schmalen Straßen des Ortes ab, die von bonbonbunten Holzhäusern im Neuenglandstil, weißen Lattenzäunen und tropischen Gärten mit üppig blühenden Bougainvilleen gesäumt werden. Telefone gibt es hier erst seit 1988, und Autos sieht man auch heute noch kaum: Im Ort ist alles zu Fuß zu erreichen, größere Ausflüge werden ohnehin per Boot unternommen. Unmittelbar auf der Ostseite der Insel liegt, von Riffen geschützt, ein kilometerlanger Strand, der bei richtigem Licht sogar in leichtem Pink schimmert. Per Fahrrad können Sie auch zum palmenumsäumten *Tahiti Beach* am Südende der Insel vordringen.

Die Geschichte des Städtchens ist schnell erzählt: Wyannie Malone, eine Witwe aus Charleston, South Carolina, ließ sich hier mit ihren vier Kindern im Jahr 1785 nieder. Weitere Siedler kamen aus Eleuthera nach, und man lebte recht und schlecht vom Fischfang und vom *wrecking.* Erst seit einigen Jahren spielt auch der Tourismus eine Rolle – doch überlaufen ist Hope Town noch lange nicht.

Das Wahrzeichen von Hope Town

MUSEUM

Wyannie Malone Historical Museum

In einem historischen Holzhaus wird die Inselgeschichte dokumentiert – mit Schiffsmodellen, Landkarten und altem Mobiliar. Nach Bedarf geöffnet. *Eintritt 1 B$, Queens Highway*

RESTAURANTS

Captain Jack's

Kleines bahamisches Lokal mit Terrasse direkt über dem Wasser. Mi und Fr meist Live-Musik am Abend. *Am Hafen, Kategorie 3*

Club Soleil

Elegantes Dinnerrestaurant mit ausgezeichneten Fischgerichten in einem Holzbau neben dem Leuchtturm. Abholung aus der

Stadt per Boot. *Tel. 809/366-00 03, Kategorie 2*

Harbour's Edge

★ Einfaches, aber sehr beliebtes Restaurant mit großer Bar und Terrasse am Wasser. Am Wochenende spielen oft örtliche Bands. *Direkt neben dem Fähranleger, Kategorie 3*

EINKAUFEN

Water's Edge

Kleines Künstleratelier mit witziger Holzkunst. *Am Hafen*

HOTELS

Abaco Inn

Ruhige Ferienanlage am Südende von Elbow Cay. Man wohnt rustikal-elegant in hübschen Holzhütten, der einsame Strand liegt vor der Tür, per Fahrrad ist man schnell in der Stadt. Gutes Restaurant. Pool. *12 Zi., Hope Town, Abaco, Tel. 809/366-01 33, Fax 366-01 13, Kategorie 2*

Club Soleil Resort

Gepflegte Ferienwohnungen, die in einem tropischen Garten am Hafen gegenüber der Stadt liegen (Bootszubringer). Pool, Restaurant. *6 Zi., Hope Town, Abaco, Tel. 809/366-00 03, Fax 366-02 54, Kategorie 2*

Hope Town Harbour Lodge

Nettes Hotel auf dem Hügel im Ortszentrum. Einfache kleinere Zimmer im historischen Haupthaus und gepflegte Bungalows am Strand. Restaurant mit ausgezeichnetem Sonntags-Brunch. *20 Zi., Hope Town, Abaco, Tel. 809/366-00 95, Fax 366-02 86, Kategorie 2*

Hope Town Hideaways

★ Die schönste und interessanteste Version des Inselurlaubs für eine Woche oder länger: Vermietung von Privathäusern für 2 bis 8 Personen – je nach Wunsch rustikal oder luxuriös, im Ort oder direkt am Strand. *Hope Town, Abaco, Tel. 809/366-02 24, Fax 366-04 34, Kategorie 1–2*

Sea Spray Resort

Hübsche Ferienwohnungen am einsamen Südende der Insel. Restaurant. *9 Zi., Hope Town, Abaco, Tel. 809/366-00 65, Fax 366-03 83, Kategorie 1–2*

SPIEL UND SPORT

Island Marine

Vermietung von kleinen Motorbooten zur selbständigen Erkundung der Inselwelt. Abholung am Hafen von Hope Town oder Marsh Harbour, *Tel. 809/366-02 82, Fax 366-02 81*

ZIEL IN DER UMGEBUNG

Pelican Cays Land & Sea Park

★ Das knapp 500 ha große Schutzgebiet bewahrt ein Korallenriff mit mehreren Inseln südlich von Hope Town. Meeresschildkröten, zahlreiche Fischarten und sogar Wale werden hier gesichtet. Führungen und Schnorcheltouren veranstalten *Bahamas Naturalist Expeditions* in *Hope Town, Tel. 809/367-45 05.*

MARSH HARBOUR

(**E7**) Die drittgrößte Stadt der Bahamas (6000 Ew.) ist nicht unbedingt die schönste: Breit angelegte Straßen und ein architektonisches Sammelsurium von

Holzhütten und modernen Betonbauten, Banken, Tankstellen und Läden prägen das Bild. An der Hauptkreuzung blinkt sogar die einzige Ampel der Abacos. Netter wird es am großen Yachthafen. Doch Marsh Harbour ist ein guter Ausgangspunkt für Tagestouren zu den vorgelagerten Eilanden. Hobby-Ornithologen sollten eine Fahrt nach Süden zum *Abaco National Park* nicht verpassen: Dort leben in den großen Kiefernwäldern die letzten Exemplare der fast ausgestorbenen Abaco-Papageien.

RESTAURANTS

Mangoes Restaurant

★ Beliebter Inseltreff mit Bar und schöner Terrasse über dem Hafen; frischer Fisch und *conch chowder. Bay Street, Tel. 809/367-23 66, Kategorie 2*

Mother Merle's

Einfaches bahamisches Lokal, auf der Karte stehen Fisch und Huhn – und manchmal auch Wildschwein. *Dundas Town, Tel. 809/367-27 70, Kategorie 2–3*

HOTELS

Conch Inn Hotel & Marina

Sauberes, kleines Hotel am Yachthafen; nicht direkt am Strand, aber mit vielen Sportangeboten. Pool. Nettes Restaurant und beliebte Bar mit Blick über den Hafen. *10 Zi., P.O. Box AB 20469, Marsh Harbour, Abaco, Tel. 809/367-40 00, Fax 367-40 04, Kategorie 2*

Great Abaco Beach Resort

Großes Ferienhotel am Ortsrand, das besonders in der Yachtszene äußerst beliebt ist. Mit eigenem Strand, 2 Pools, Tennisplätzen und Restaurant. *52 Zi., P.O. Box AB 20511, Marsh Harbour, Abaco, Tel. 809/367-21 58, Fax 367-28 19, Kategorie 1*

Guana Beach Resort

Eine wunderschöne, tropisch umgrünte Anlage auf einer abgelegenen Insel etwa 30 Minuten per Fähre von Marsh Harbour entfernt. Perfekt für die Weltflucht. Der völlig einsame Strand zählt zu den schönsten der Bahamas. Restaurant. *15 Zi., Guana Cay, Abaco, Tel. 809/367-35 90, Fax 367-35 91, Kategorie 1–2*

Island Breezes

Einfaches, sauberes Motel gegenüber dem Hafen. *8 Zi., Marsh Harbour, Abaco, Tel. 809/367-37 76, Fax 367-41 79, Kategorie 3*

SPIEL UND SPORT

Dive Abaco

Tägliche Tauchgänge zu den Riffen vor Abaco; angeboten werden Nachttauchen und auch Anfängerkurse. Vermietung von Gerät. Abfahrt am Conch Inn. *Tel. 809/367-27 87*

The Moorings

Renommierte Firma für mehrtägige Segelcharter mit Skipper oder ohne *(bareboat)*; sehr gepflegte Boote. Zu buchen über Reisebüros und Vertretungen in Europa, z.B. bei *The Moorings Deutschland, Kaiser-Ludwig-Str. 17, 82027 Grünwald, Tel. 089/64 15 90, Fax 641 59 17*

Sea Horse Rentals

Vermietung von kleinen Motorbooten, Windsurfergerät, Fahrrädern und Schnorchelausrüstung. *Am Dock des Great Abaco Beach Hotel, Tel. 809/367-25 13, Fax 366-01 89*

AM ABEND

Schön zum Sonnenuntergang sind die Bars im *Mangos* und im Café des *Conch Inn.* Im Pub des *Great Abaco Beach Hotel* trifft sich die Yacht-Szene.

ZIELE IN DER UMGEBUNG

Man-o-War Cay (D 7)

Das alte Loyalistendörfchen (300 Ew.) auf einer abgelegenen Insel nördlich von Marsh Harbour (Fährverbindung) ist noch heute das wichtigste Zentrum des Bootsbaus in den Abacos. Touristen verirren sich nur selten hierher – es gibt nicht einmal ein Hotel. Aber ein Bummel durch den quirligen Hafen und hinüber zum Strand auf der anderen Inselseite lohnt sich. Und in einigen kleinen Läden kann man Kunsthandwerk und nette Segel-Nippes entdecken.

Great Guana Cay (E 7)

★ Noch so ein malerisches Nest aus der Kolonialzeit – diesmal mit nur 100 Menschen. Keine Sehenswürdigkeiten, aber fotogene Häuschen und ein herrlicher, gut 10 km langer Strand. Ideal für einen Tagesausflug von Marsh Harbour (Fährverbindung).

Treasure Cay (D 7)

Seit den fünfziger Jahren entstand auf dieser Halbinsel, rund 30 Minuten Fahrt nordwestlich von Marsh Harbour, eine große Ferienkolonie, ein beliebtes Refugium für Langzeiturlauber aus Europa und Amerika – mit dem einzigen Golfplatz der Abacos. Auf jeden Fall einen Besuch wert ist der sanft geschwungene Traumstrand an der Ostküste.

NEW PLYMOUTH/ GREEN TURTLE CAY

(**D 7**) Putzig ist das einzig richtige Wort für dieses Nest aus der Loyalistenzeit: uralte Holzhäuser mit Zuckerbäckerornamenten und weißgetünchte Kirchlein, verwinkelte Gassen und überwucherte Gärten – das Idyll ist komplett. Das Städtchen an einer kleinen Bucht am Südende von Green Turtle Cay wurde bereits 1783 gegründet, und bis heute leben die meisten der 600 Einwohner vom Fisch- und Langustenfang. Im Ort selbst gibt es keine Strände, aber eine schön geschwungene Bucht liegt nur zehn Minuten zu Fuß am Südende der Insel. Einen Blick verdient der *Sculpture Garden* an der Hauptstraße Parliament Street, wo mit einer Reihe von Bronzebüsten an die ersten Siedler der Bahamas erinnert wird.

MUSEUM

Albert Lowe Museum

Das fast 200 Jahre alte Häuschen im Neuenglandstil birgt Schiffsmodelle, Gemälde und historische Fotos zur Geschichte der Stadt. *Mo–Fr 10–16 Uhr, Eintritt 3 B$, Parliament Street*

EINKAUFEN

Ocean Blue Gallery

Der kleine Raum neben dem Schnapsladen der Insel ist vollgestopft mit Aquarellen und Kunsthandwerk der Insulaner. *Parliament Street am städtischen Dock.*

HOTELS

Bluff House Club

Ruhiges, schon etwas älteres Resort mit Ferienwohnungen am abgelegenen Nordende der Insel. Tennisplatz und Restaurant. *15 Zi., Green Turtle Cay, Abaco, Tel. 809/365-42 47, Fax 365/42 48, Kategorie 2*

Green Turtle Club

Das bekannteste Yacht-Resort der Abacos; gepflegte Zimmer und ein ausgezeichnetes Restaurant. Tauchschule. Ein einsamer Strand liegt gleich nebenan. Restaurant und Bar. *39 Zi., Green Turtle Cay, Abaco, Tel. 809/365-42 71, Fax 365-42 72, inkl. Halbpension Kategorie 1–2*

New Plymouth Inn

★ Eine herrliche Villa mit verwunschenem Garten im Herzen des Städtchens, nostalgisch eingerichtet, gemütliche Atmosphäre und mit sehr nettem Personal. Per Fahrrad sind Sie schnell am Strand. Gutes Restaurant. *9 Zi., Green Turtle Cay, Abaco, Tel. 809/365-41 61, Fax 365-41 38, inkl. Halbpension Kategorie 2*

SPIEL UND SPORT

Brendal's Dive Shop

Tauchgänge zu den vorgelagerten Riffen. Kurse und Vermietung von Gerät. *Büro im Green Turtle Cay Club, Tel. 809/365-44 11*

AM ABEND

Angeblich wurden Kokosnußschnaps, Rum, Ananas- und Zitronensaft zum erstenmal in *Miss Emily's Blue Bee Bar (Victoria Street)* zum Goombay Smash gemixt – alt und urig genug wäre der berühmte Schuppen jedenfalls. Im *Rooster's Pub* an der *Gillam Bay Road* spielen häufig Bands am Wochenende.

In Bronze gegossen: Loyalisten im Sculpture Garden von New Plymouth

Abenteuerspielplatz für Angler und Taucher

Schon »Papa« Hemingway jagte hier Marlins und Haie; der Fischreichtum ist noch heute legendär

Was hier im westlichen Teil des Inselstaates zuallererst beeindruckt, ist das Wasser. Das ganz seichte Wasser, das in allen Schattierungen von türkis und sandigbraun bis dunkelgrün erscheint. Dies ist die *Great Bahama Bank*, ein gewaltiges, oft nur wenige Meter tiefes Schelfmeer, das sich von der Spitze Floridas gut 500 km weit nach Süden bis fast nach Kuba erstreckt. Im Westen begrenzt der Golfstrom die riesige Sandbank, im Osten fällt sie an der Tongue of the Ocean fast 2000 m senkrecht in die schwarzen Tiefen des Meeres ab. Diese einzigartige Kombination von Tiefsee und extrem flachem Wasser macht die Region zu einem sagenhaften Revier für Angler. In den Seegrasbetten der seichten Sandbänke lauern scheue Meeräschen *(bonefish)*, legendäre Kämpfer, von denen jeder Sportangler träumt. Und draußen im Golfstrom schwimmen Thunfische, Marlins und Haie von Rekordmaßen. Auch Taucher finden hier ideale Bedingungen: Das gut 200 km lange Barrier Reef vor Andros gilt sogar nach den Barriereriffen von Australien und Belize als das drittgrößte der Welt.

Ob auch die Schmuggler den Sonnenaufgang genießen konnten?

Wie bunt verstreute Puzzlestücke ragen die drei westlichen Inselgruppen der Bahamas aus dem flachen Wasser des Schelfs auf. Die Bimini und die Berry Islands zeigen schon im Namen, daß sie aus mehreren Eilanden bestehen, aber auch Andros Island ist keine einzelne Insel, sondern eine weitverzweigte Inselgruppe. An Land bietet sich fast überall dasselbe Bild: lange, herrlich weiße Korallenstrände, Palmenhaine, Mangroven- und Kiefernwälder, dazwischen einige wenige Örtchen mit pastellfarbenen Häusern, einige rustikale Strandbars, ein paar Marinas für die Yachtbesatzungen und einige Hotels für Angler und Taucher. Das war's.

MARCO POLO TIPS FÜR ANDROS, DIE BIMINI UND DIE BERRY ISLANDS

1 Compleat Angler
Hemingway und seine Trophäen – zahllose Fotos bezeugen seine Taten (Seite 67)

2 End of the World Bar
Eine traditionsreiche Anglerkneipe: urig und laut und mit Sand am Boden (Seite 67)

3 Small Hope Bay Lodge
Strandidyll unter Palmen: eine gepflegte Lodge für Taucher und Müßiggänger (Seite 65)

4 Tongue of the Ocean
Das drittgrößte Barrier Reef der Welt, das beste Unterwasserrevier der Bahamas (Seite 64)

Die Bimini und die Berry Islands sind wegen ihrer Nähe zu Florida bei den Yachturlaubern sehr beliebt und daher touristisch etwas besser erschlossen. Andros dagegen, die größte Insel der Bahamas, ist noch recht isoliert und ursprünglich. Die Reisewege sind nicht kompliziert: Die Bimini und die Berry Islands sind von Florida aus oder von Nassau schnell zu erreichen – zum Beispiel mit den herrlich nostalgischen Flugbooten der Chalk's International Airline. Andros steuern Sie am besten von Nassau aus an.

ANDROS ISLAND

(**C 9–D 10**) Nach Andros kommt man zum Tauchen. Von allen Bahamainseln bieten sich hier die besten Unterwasserreviere: Auf der Ostseite der gut 170 km langen Insel bricht die Küste abrupt in eine gewaltige untermeerische Schlucht ab, die fast 2000 m tiefe ★ Tongue of the Ocean. In den Korallenbänken entlang dieser Steilwand sind unzählige tropische Fische und andere Riffbewohner sowie große Thunfische und Haie zu beobachten. Zudem gibt es im Binnenland wie auch entlang des Riffs Dutzende geheimnisvoller Blue Holes, großer Löcher und Höhlen tief im Kalkfundament der Insel, die spektakuläre Tauchgänge ermöglichen.

Mit rund 6000 qkm Fläche ist Andros die größte Insel der Bahamas, doch wenig erschlossen und nur dünn besiedelt. Fischerei, etwas Landwirtschaft und die kleine Firma Androsia (Besichtigung möglich), die bunte Batikkleidung herstellt, sind die einzigen Wirtschaftszweige. Die 8200 Ew. leben in verstreuten Dörfchen entlang der Ostküste, die unwegsame Westseite der Insel besteht aus flachen Sandbänken und Wattgebieten. Größter Ort ist *Nicholl's Town* (600 Ew.) im Norden, das mit Straßen erschlossen ist und sich per Fahrrad oder Mietmoped gut erkunden läßt. Etwas weiter südlich liegt an der Bucht von Fresh Creek *Andros Town*, mit zwei Hotels das touristische Zentrum von Andros. In der Umgebung können Sie wilde Orchideen entdecken, die reiche Vogelwelt beobachten oder in hübschen Süßwasserteichen wie *Captain Bill's Blue Hole* baden.

Kolumbus nannte Andros Isla Espíritu Santo, die Insel des Heiligen Geistes. Und bis heute hat sich Andros eine Aura des Mysteriösen erhalten – das wirre Labyrinth von Sümpfen und Kanälen war einst ein Versteck für Piraten und Schmuggler, für entlaufene Sklaven und geflüchtete Seminolen-Indianer aus Florida. Der Pirat Henry Morgan soll in einer Höhle bei *Morgan's Bluff* seine Schätze vergraben haben, und bis heute leben angeblich in den weiten Mangroven- und Kiefernwäldern im Binnenland die Chickcharnies, Gnome mit feurigen roten Augen und drei Fingern, die den Menschen allerlei Schabernack spielen.

HOTELS

Andros Lighthouse Yacht Club & Marina
Modernes, sehr gepflegtes Hotel mit Yachthafen. Tauchtouren, Restaurant, Pool und Tennisplätze. *20 Zi., Andros Town, Andros, Tel. 809/368-23 05, Fax 368-23 00, Kategorie 2*

Emerald Palms By The Sea
Ein völlig abgelegenes, idyllisches Strandresort – ideal für die Flucht aus dem Alltagsstreß. *20 Zi., Driggs Hill, South Andros, Tel. 809/369-26 61, Fax 369-26 67, Kategorie 2*

Small Hope Bay Lodge
★ Der beste Urlaubstip auf Andros: ein legeres Hotel mit 20 Hütten in einem Palmenhain am Strand, etwas nördlich von Andros Town. Eigene Tauchbasis. *Fresh Creek, Andros, Tel. 809/368-20 13, Fax 368-20 15, inkl. Vollpension Kategorie 1*

BERRY ISLANDS

(**D 8**) Viele der rund 30 Inselchen, die sich in der Gruppe der Berry Islands sichelförmig von Great Stirrup Cay im Norden bis Chub Cay im Süden erstrecken, sind in Privatbesitz oder völlig menschenleer – von gelegentlich hier vor Anker gehenden Seglern abgesehen. Das Gros der nur 700 Insulaner wohnt auf *Great Harbour Cay*. Einziger nennenswerter Ort auf dem 15 km langen und 2,5 km breiten Eiland, ist *Bullock's Harbour*, ein verschlafenes Nest mit bunten Holzhütten, ein paar Kneipen und einem Krämerladen.

In den schönen Buchten ringsum findet man elegante Privatvillen, denn die Inseln sind seit Jahrzehnten ein Refugium von Reichen und Filmstars, die sich aus dem Alltagstrubel ausklinken wollen. Zu den prominentesten Dauergästen auf Great Harbour Cay gehörte übrigens lange Jahre Curt Jürgens. Nach seinem Tod verkaufte Jürgens' Witwe allerdings die herrliche Villa am Strand.

HOTEL

Great Harbour Cay
Großes, gepflegtes Yacht-Resort in Bullock's Harbour mit drei Restaurants, einigen Ferienhäusern am Strand und 16 Zimmern am Hafen. Golfplatz, Bootsvermietung, Tauch- und Angeltouren. *Postadresse: 3512 N. Ocean Dr.,*

In der »Bar am Ende der Welt« ist immer was los

Hollywood, FL 33019, Tel. 305/921-90 84, Fax 921/10 44, Kategorie 1–2

BIMINI ISLANDS

(**B 8**) Der Name Ernest Hemingways ist mit Bimini untrennbar verbunden, er machte die Insel berühmt. Von 1935 bis 1937 verbrachte der angelbegeisterte Schriftsteller die meiste Zeit hier, soff und prügelte sich im *Compleat Angler,* jagte Marlins im Golfstrom – und schrieb zwischendurch an dem Roman »Haben und Nichthaben«. Sein späteres Werk »Inseln im Strom« erzählt von seinem Leben auf Bimini, von den wilden Gelagen und den Kämpfen mit den großen Fischen.

Nicht viel hat sich seither geändert. Bis heute sind die Biminis (1600 Ew.) – so muß es eigentlich heißen, denn es sind mehrere Inseln – ein Dorado für Angler: Nur 2 km vor der Westküste von North Bimini fließt der Golfstrom vorüber, und mit dem Strom ziehen im Frühjahr Marlins, Wahoos und mehrere Meter lange Thunfische nordwärts. Zahlreiche Angelturniere finden das Jahr über statt, und während der *spring break*, der Semesterferien der amerikanischen Universitäten im März, fallen hier oft Horden von Studenten ein, um einige Nächte in den Bars von Alice Town durchzubechern. Der rauhbeinige Charme Biminis hat nichts von seiner Anziehungskraft verloren.

North Bimini ist die Hauptinsel, hier liegen *Alice Town* und *Bailey Town*, die beiden einzigen Orte der Biminis. An der schmalen Hauptstraße King's Highway reihen sich die Angel-Resorts, ein paar Läden halten Strohkörbe und T-Shirts feil, und in den quirligen, verblüffend gut besuchten Bars erklingt abends Calypso und Reggae. Die besten Strände ziehen sich auf der Westseite der schmalen, langgestreckten Insel hin, die nur etwa 80 km von der Küste Floridas entfernt liegt – abends kann man sogar die Lichter Miamis am Horizont sehen.

Die südlichen Inseln sind, bis auf einige Fishing-Resorts für betuchte Angelfans, noch weitgehend unerschlossen. Nur auf South Bimini gibt es etwas Gartenbau, den einzigen Flughafen der Inseln (Fährverbindung nach Alice Town) und irgendwo im Mangrovendickicht eine kleine Quelle, die der Überlieferung nach jener sagenhafte Born der Jugend sein soll, nach der schon 1513 der Spanier Ponce de León suchte. Aber die Bewohner hier werden auch nicht älter als die übrigen Bahamer.

MUSEUM

Compleat Angler

★ Ein Muß für Hemingway-Fans: Im Seitenraum des Hotels wird mit alten Fotos die wilde Zeit des Schriftstellers auf der Insel dokumentiert. Öffnungszeiten nach Bedarf. *King's Highway, Alice Town*

HOTELS

Bimini Big Game Club

Die beste Adresse Biminis: ein hübsch angelegtes Yacht-Resort mit Pool; zum Strand sind es nur drei Minuten. Gutes Restaurant und Hafenbar, Charterboote für Angler. *50 Zi., P. O. Box 699, Alice Town, North Bimini, Tel. 809/347-33 91, Fax 347-33 92, Kategorie 1*

Bimini Blue Water Resort

Familiäres kleines Hotel auf einem Hügel über der Stadt; in der Marlin's Cottage wohnte einst Hemingway. Bootscharter, Restaurant. *10 Zi., Box 601, Alice Town, North Bimini, Tel. 809/347-31 66, Fax 347-32 93 Kategorie 2*

Compleat Angler Hotel

Ein herrlich nostalgisches, sehr einfaches Hotel aus dem Jahr 1935 – mit knarrenden Holzbohlen und viel Inselflair. Hemingway läßt grüßen. Abends wird's in der Bar oft laut, und manchmal spielt Besitzer Ossi Brown selbst in der Calypso-Band mit. *12 Zi., Box 601, Alice Town, North Bimini, Tel. 809/347-31 22, Fax 347-32 93, Kategorie 3*

SPIEL UND SPORT

Hochseeangeln

Die Hotels und mehrere Marinas verchartern Boote mit Skipper zum Bonefishing auf den Sandbänken an der Ostseite der Inseln und im Golfstrom. *Preis pro Tag: 400–800 B$.*

Tauchen

Neben großen Korallenformationen gibt es unter Wasser allerlei zu entdecken: riesige Zackenbarsche um das 1929 gesunkene Schiff *Sapona,* Wrackteile einer spanischen Galeone bei *Gun Cay* und seltsame, wie von Menschenhand behauene Steinblöcke bei *Paradise Point* – das sagenhafte Atlantis? Die Hotels arrangieren Tauchgänge mit *Bimini Undersea Adventures, Tel. 809/347-30 89.*

AM ABEND

Die urigen Bars von Bimini sind berühmt in der Angler- und Studentenszene. Entsprechend lebhaft geht es dort zu. Testen Sie mal die seit Hemingways Zeiten kaum veränderte Kneipe im *Compleat Angler* und die winzige, auch bei den Einheimischen sehr beliebte ★ *End of the World Bar!*

Traumstrände am Ende der Welt

Idyllische Badehotels, rosafarbene Strände und urige Fischernester – Eleuthera ist die vielfältigste der Out Islands

Auf Eleuthera ticken die Uhren anders, nicht einfach langsamer, sondern in einer ganz anderen Zeit. Nicht, daß die Insel um hundert Jahre hinter der Moderne zurückläge, es ist dieses Gefühl der Zeitlosigkeit, das einen bei der Fahrt über die Insel beschleicht. Die Szenen, die sich in den kleinen Orten abspielen, das Entladen der Fische am Hafen, die im Wind sanft schaukelnde Wäsche vor einem pinkfarbenen Haus, einige vorüberradelnde Kinder zu dritt auf einem Rad – man hat ständig das Gefühl, genauso war das vor zehn Jahren. Und genauso wird es auch in zehn Jahren noch sein.

Dabei ist Eleuthera gar nicht so sehr aus der Welt. Gleich drei Flughäfen hat die rund 180 km lange, aber nur ganz schmale Insel, die sich in unregelmäßigem Zickzackbogen kaum 20 Flugminuten östlich von Nassau hinzieht. Und doch liegen Welten zwischen der dichtbevölkerten Hauptstadt und dem ruhigen Eleuthera mit seinen Ananasfeldern und den verträumten kleinen Siedlungen, die unter der heißen Sonne dösen. Nur etwa 11 000 Menschen leben auf der Insel, nur eine einzige, manchmal etwas holprige Straße verbindet die kleinen Ortschaften, in denen die Fischer und Farmer leben.

Die ersten Siedler der Insel – abgesehen natürlich von den schon um 1530 ausgerotteten Lucayo-Indianern – waren 70 britische Puritaner von den Bermudas, die hier in Freiheit eine Republik Gottes verwirklichen wollten. So wählten sie auch den Namen ihrer neuen Heimatinsel nach dem griechischen *eleutheria*, Freiheit. Später, als die Bahamas englische Kolonie wurden, kamen Loyalisten aus den USA hinzu, die ihre Sklaven mitbrachten und Plantagen anlegten. Die heutige Bevölkerung Eleutheras geht auf diese Siedler zurück – die meisten sind schwarzer Hautfarbe, aber man trifft auch verblüffend viele sommersprossige Blonde oder Rothaarige.

Besonders reizvoll am Urlaub auf Eleuthera ist die Verbindung von Komfort und ruhiger, ursprünglicher Inselwelt abseits

Auf Harbour Island verfällt man tropischem Zauber

vom Massentourismus. Eleuthera liegt genau auf der Grenze zwischen den besser erschlossenen Inseln im Norden der Bahamas und den »wilden« Eilanden des Südens. Und diese Trennung zieht sich auch durch Eleuthera: Im trockenen, kaum besiedelten Süden findet man nur ein paar gottverlassene Fischernester, Palmettogestrüpp und herrliche, meist völlig menschenleere Strände – am Ende der Welt. Der Norden dagegen ist besser erschlossen, zivilisierter. Dort liegt Harbour Island mit Dunmore Town, einer der hübschesten Siedlungen der Bahamas. Der herrlich rosafarbene Strand und die gepflegten kleinen Hotels der Insel machen sie zu einem der beliebtesten Ziele der Out Islands – zumal sie südlich genug liegt, so daß es sich auch im tiefsten Winter hier schön im Warmen urlauben läßt.

Ideal, um Eleuthera kennenzulernen, wäre eine genießerische Badewoche auf der vorgelagerten Harbour Island und dazu einige Tage auf der Hauptinsel, etwa in Governor's Harbour oder Gregory Town. Von dort aus können Sie dann mit einem Mietwagen Tagestouren zu den Enden der Insel unternehmen, einsame Strände und Schnorchelbuchten entdecken und die Menschen in den abgelegenen kleinen Dörfern kennenlernen.

GOVERNOR'S HARBOUR

(E–F 9) Mit einigem Recht kann dieses pittoreske 700-Seelen-Nest in der Inselmitte den Titel »älteste Stadt der Bahamas« beanspruchen. Hier gingen 1648 die ersten Eleutherans an Land, und die kleine Halbinsel ★ *Cupid's Cay* sieht mit ihren sympathisch verlotterten Kolonialhäusern tatsächlich wie der authentische Gründungsort aus. Der Rest des Örtchens an der geschützten Westseite Eleutheras wirkt mit üppigen Gärten und Palmenalleen dagegen recht ländlich. Kaum zu glauben, daß dies im letzten Jahrhundert die wichtigste Stadt der Bahamas nach Nassau war. Heute ist das größte Ereignis der Woche die Ankunft des Postbootes am Freitag oder Samstag.

Sonst herrscht nur am Nordende der schön geschwungenen Bucht von Governor's Harbour tagsüber etwas Trubel: Hier unterhält der nahe Club Med ein Sportzentrum für Wasserskifahrer und Tauch-Eleven. Noch ein anderes Refugium für Stadtflüchtlinge hat übrigens diese Ecke der Insel bekannt gemacht: Auf *Windermere Island*, einer Privatinsel mit eleganten Villen etwa 25 km südlich des Ortes, machen die Reichen und Blaublütigen Englands Ferien. Auch Charles und Lady Di waren hier während ihrer glücklicheren Tage – und hier entstand auch das erste Foto von Diana im Bikini, das damals um die Welt ging.

HOTELS

Club Med Eleuthera
Große Klubanlage an einem weißen Sandstrand der Ostküste; Disko, Restaurants etc., viele Wassersportangebote. *300 Zi., Governor's Harbour, Tel. 809/332-2270. Zu buchen nur von zu Hause als Pauschalpaket, Kategorie 1–2*

MARCO POLO TIPS FÜR ELEUTHERA

1. **Cupid's Cay**
Die älteste Siedlung der Bahamas – malerisch und urig (Seite 70)

2. **Harbour Island Beach**
Perfekt für Verliebte: ein Strand zum Träumen mit rosa schimmerndem Korallensand (Seite 72)

3. **Angela's Starfish Restaurant**
Fangfrischer Fisch und Langusten in einem tropischen Garten (Seite 73)

4. **MacMillan Castle**
Kunst in der Einöde – ein skurriles Schloß (Seite 75)

Laughing Bird Apartments
Vier einfache Zimmer in üppig umrankten Bungalows. *P. O. Box EL 25076, Governor's Harbour, Eleuthera, Tel. 809/332-20 12, Fax 332/23 58, Kategorie 2–3*

Unique Village
Gemütliches Ferienhotel an einem langen, ruhigen Strand etwas südlich der Stadt bei Palmetto Point. Restaurant. *14 große Zimmer, P. O. Box 187, Governor's Harbour, Eleuthera, Tel. 809/332-18 30, Fax 332-18 38, Kategorie 2*

AM ABEND

Auch Nichtmitglieder können bei den Abendshows des Club Med zuschauen (und mitmachen). Die örtliche Szene trifft sich in der Diskobar *Ronnie's-Hi-D-Way* auf Cupid's Cay.

GREGORY TOWN

(**E 8**) Große Ananasfelder umrahmen das auf einem Hügel angelegte Städtchen (600 Ew.) im Norden Eleutheras. Eine alte Steinkirche am Hafen und einige Bauten im Kolonialstil bestimmen das Bild, ringsum ziehen sich üppige Gärten den Hang entlang. Gregory Town ist bei Surfern beliebt, denn auf der Ostseite der Insel donnern kräftige Wellen an die Küste. Einige Kilometer nördlich des Ortes passiert die Straße die nur wenige Meter breite, engste Stelle der Insel, das sogenannte *Glass Window*, zwei durch eine Brücke verbundene, wellenumtoste Klippen.

HOTELS

Cambridge Villas
Familiäre Pension im Ort; Pool, Restaurant mit Bar und am Wochenende Tanz. *25 Zi., Gregory Town, Eleuthera, Tel. 809/335-50 80, Fax 335-53 08, Kategorie 3*

Cove Eleuthera
Gepflegtes kleines Resort mit individuellen Villen an einer geschützten Bucht. Tennisplatz, Pool und Restaurant. *24 Zi., Gregory Town, Eleuthera, Tel. 809/335-51 42, Fax 335-53 38, Kategorie 2*

ZIEL IN DER UMGEBUNG

Hatchet Bay Cave **(E 8)**
Etwa 8 km südlich von Gregory Town weist ein kleines Schild zur

Cave, einer gut 500 m langen Tropfsteinhöhle im Kalkfels der Insel, in der zahlreiche Fledermäuse leben. Ohne eigene Taschenlampe empfiehlt es sich, einen Führer aus Hatchet Bay mitzunehmen.

HARBOUR ISLAND

(**E 8**) Die gut 5 km lange, nur einige 100 m breite Insel vor der Nordostküste Eleutheras ist ein echtes Schmuckstück und die perfekte Kulisse für den Urlaub mit Karibikflair. *Dunmore Town* (1200 Ew.), der einzige Ort der Insel, bezaubert mit hübschen, wohl gepflegten Holzhäusern im Neuenglandstil, mit weißen Lattenzäunen und üppig blühenden Gärten – tropischer Zauber pur. An der Atlantikseite der Insel zieht sich dazu ein traumhafter, pinkfarbener ★ Strand zum tiefblauen Meer hin, der Ort mit dem kleinen Hafen liegt auf der Buchtseite. Von hier verkehren die Fähren zur Hauptinsel, wo auch der Flughafen liegt. Im Ort selbst können Sie alles gut zu Fuß erreichen – oder sie mieten sich einen Scooter (Moped), dann sind Sie schneller an den einsamen Strandabschnitten an den Enden der Insel.

Harbour Island – im Stakkato-Slang der Insulaner meist verkürzt zu »Briland« – wurde bereits um 1700 von den Engländern besiedelt und der Ort später nach dem Gouverneur der Bahamas, Lord Dunmore, benannt, der sich hier sogar eine Sommerresidenz baute. Viele der Häuser, die Alleen und die großen Kirchen im verwinkelten, friedlich-nostalgisch anmuten-

Abseits des Massentourismus hat sich das Leben kaum verändert – Fischer vor Harbour Island

den Ortszentrum stammen noch aus dem letzten Jahrhundert. Die *Methodistenkirche* von 1835 ist besonders eindrucksvoll *(Dunmore Street/Chapel Road).*

RESTAURANT

Angela's Starfish Restaurant

★ Abgesehen von den zahlreichen guten Restaurants in den Hotels ist dies das netteste Insellokal: Man sitzt im Garten unter den Bäumen, drinnen in der kleinen Hütte wird gebrutzelt. Alles *easy,* alles Bahamas-style. Auch schön zum Frühstück mit *boilfish* und *johnny cake.* Am Hügel auf der Nordseite des Ortszentrums. *Tel. 809/333-22 53*

HOTELS

Coral Sands Hotel

Ein angenehmes Mittelklassehaus direkt am schönsten Strand von Harbour Island mit 33 großen, etwas nüchtern gehaltenen Zimmern. Eigenes Restaurant auf einer Terrasse über dem Meer, Vermietung von Wassersportgerät und Fahrrädern. *P. O. Box EL 27023, Harbour Island, Tel. 809/333-23 20, Fax 333-23 68, Kategorie 1–2*

Pink Sands

Erst 1996 neueröffnetes, sehr elegantes Strandresort mit kleinen Bungalows, eingebettet in einen tropischen Garten. Zwei Restaurants, Pool, Tennisplatz. *28 Zi., P. O. Box 87, Harbour Island, Tel. 809/333-20 30, Fax 333-20 60, Kategorie 1*

Romora Bay Club

34 Zimmer und Ferienapartments in gepflegten Bungalows, die über eine schöne Gartenanlage – früher eine Plantage – verstreut liegen. Etwas südlich der Stadt, Blick auf die Bucht, der Strand ist etwa 10 Fußminuten entfernt. Restaurant und Tauchzentrum mit Kursen. *P. O. Box EL 27146, Harbour Island, Tel. 809/333-23 25, Fax 333-25 00, Kategorie 1–2*

Runaway Hill

10 stilvoll und individuell möblierte Zimmer in einem nostalgischen Herrenhaus auf einem Hügel über dem Strand. Gutes Restaurant. Man fühlt sich wie in alten Pflanzertagen. *P. O. Box EL 27031, Harbour Island, Tel. 809/333-21 50, Fax 333-24 20, Kategorie 1*

Tingum Village

Nettes, einfaches Motel am Ortsrand, nur wenige Schritte vom Strand entfernt. Bahamisches Restaurant. *P. O. Box EL 61, Harbour Island, Tel. 809/333-21 61, Kategorie 2–3*

Valentine's Yacht Club

Modernes Yachtresort mit nicht allzu großen, aber geschmackvoll möblierten Zimmern. Schönes Restaurant mit Terrasse am Wasser; Pool. Besonders gut für Taucher geeignet. *21 Zi., P. O. Box 1, Harbour Island, Tel. 809/333-21 42, Fax 333-21 35, Kategorie 2*

SPIEL UND SPORT

Valentine's Dive Centre

Große Tauchstation mit Kursen und täglichen Exkursionen zu den Riffen vor der Insel. Besonders beliebt sind Tauchgänge zu Unterwasserhöhlen und der *Current Cut,* ein Drift-dive mit der einsetzenden Flut. Büro und Abfahrt im Valentine's Yacht Club, *Tel. 809/333-23 09*

Uncle Sam
Bootsvermietung und Exkursionen auf die umliegenden, unbewohnten Inseln zum Schnorcheln und Muschelsuchen. *Am Hafen, Tel. 809/333-23 94*

AM ABEND

Beliebtester Musikklub der Insel ist das *Seagrapes*, in dem am Wochenende meist die örtliche »Funk Gang« auftritt, eine echt bahamische Rake-and-Scrape-Band. Als Alternative gibt es kühles Kalik-Bier in *Willie's Tavern*, oder Sie genießen den Sonnenuntergang bei einem bunten Cocktail in der *Hafenbar* des Valentine's Yacht Club.

ROCK SOUND

(**F 9**) Mit gut 1000 Einwohnern ist Rock Sound heute der größte Ort Eleutheras und doch kaum mehr als ein Dorf. Weißgetünchte und pastellfarbene Häuser, ein paar Läden an der Front Street – das war's. Nicht verpassen sollten Sie am Südende des Ortes nahe dem Friedhof das fast kreisrunde, knapp 40 m breite *Blue Hole*, in dem große Grouper und Schnapperfische auf Brotkrumen warten. Auf der Atlantikseite gibt es lange Strände und ein weiteres *Blue Hole* im Meer.

RESTAURANT

Sammy's Place
Ein sauberes, kleines Lokal mit bahamischer Küche. *Albury Lane, Kategorie 3*

HOTEL

Cotton Bay Club
Diese elegante Ferienanlage an einer schönen Strandbucht südöstlich von Rock Sound ist derzeit noch wegen Renovierung geschlossen. Sie soll voraussichtlich 1997 wiedereröffnet werden. Zum Club gehört übrigens auch der einzige Golfplatz von Eleuthera – immerhin angelegt von Robert Trent Jones. *Rock Sound, Eleuthera, Tel. 809/334-61 01, Fax 334-60 82, Kategorie 1*

ZIEL IN DER UMGEBUNG

Süd-Eleuthera **(E–F 9)**
Immer holpriger werdende Straßen führen von Rock Sound auf die großen Landzungen im Süden Eleutheras. Mit etwas Durchhaltevermögen können Sie hier einige halbverlassene Dörfer wie *Bannerman Town* oder *Weymass Bight* erforschen und völlig einsame Strände entdecken – etwas für Romantiker.

SPANISH WELLS

(**E 8**) Himmelblau schimmert das sehr seichte Wasser rings um den kleinen Ort auf der völlig flachen, winzigen Insel vor der Nordküste Eleutheras, große Riffe schützen ihn vor den Brechern des Atlantiks. Diese Riffe haben den rund 700 Bewohnern, fast ausschließlich weiße Abkömmlinge der ersten loyalistischen Siedler, früher wie heute Reichtum gebracht: Auf dem *Devil's Backbone*, dem gefährlichsten der Riffe, sanken im letzten Jahrhundert ungezählte Schiffe – mit reicher Beute für die Plünderer.

My home is my castle: das skurrile Schloß des Malers und Bildhauers MacMillan Hughes in der Künstlerkolonie in Tarpum Bay

Sogar eine rostende alte Lokomotive liegt dort draußen, die einst für Havanna bestimmt war und jetzt ein beliebtes Ziel für Taucher ist.

Heute sind es die Langusten, die den Fischern von Spanish Wells opulente Häuser und Satellitenantennen für den Fernseher finanzieren. Attraktionen oder gar Strandhotels findet man in Spanish Wells nicht – man ist hier nicht auf Touristen angewiesen. Doch schon die Fährfahrt von North Eleuthera über das herrlich blaue Wasser und ein Bummel durch den quirligen Hafen lohnen einen Ausflug.

TARPUM BAY

(**F 9**) Das malerische Städtchen an der Westseite Eleutheras zieht sich unmittelbar entlang der Küste hin. Die reizvolle Kombination von sanft plätscherndem Meer und tropischen Gärten hat hier sogar eine kleine Künstlerkolonie entstehen lassen: Sehenswert ist das skurrile ★ MacMillan Castle, ein »Schlößchen«, das sich der schottische Bildhauer und Maler MacMillan Hughes im Ortszentrum erbaut hat. Auch das Studio der malenden Amerikaner Mel und Kay Flanders kann besucht werden.

HOTEL

Hilton's Haven
Wahrlich kein Hilton-Hotel, aber die einfachen, sauberen Zimmer sind okay für ein oder zwei Nächte mit echtem *island feeling*. Restaurant. *10 Zi., Tarpum Bay, Eleuthera, Tel. 809/334-42 31, Fax 334-41 25, Kategorie 3*

Robinsoninseln für Entdecker

Wer sich in den wilden Süden wagt, wird belohnt: mit menschenleeren Stränden und bunten Korallengärten

Die schönste Art, die noch fast völlig unerschlossenen Südinseln der Bahamas zu erkunden, wäre sicherlich ein gepflegter Segeltörn mit ein paar guten Freunden – und mindestens ein halbes Jahr Urlaub. Soviel Zeit könnte man nämlich mühelos in dem Gewirr von Eilanden und Korallenriffen zubringen. Doch auch mit weniger Zeit und ohne Yacht lassen sich zumindest einige der Inseln erobern. Schon beim Anflug wird die natürliche Pracht dieser Region deutlich: Ein smaragdgrünes Meer, durchsetzt von weißen und sanftbraunen Sandbänken, dazwischen wie von einem Malerpinsel verstreute sattgrüne Tupfer – die Inseln.

Unmittelbar südlich von Nassau beginnt mit den *Exumas* das wilde, einsame Reich der Südinseln, die fast die Hälfte des Staates umfassen. Und doch leben in dieser Region zusammengenommen kaum 10 000 Menschen, meist in winzigen Siedlungen mit nur ein paar hundert Einwohnern, die sich recht und schlecht mit Salzgewinnung, Fischfang und etwas Gemüse- und Ananasanbau durchbringen. Je weiter man nach Süden kommt, desto weniger besiedelt, desto ursprünglicher werden die Inseln.

Doch der größte Teil der Region gehört ohnehin der Natur, der Mensch ist hier nur eine Randerscheinung: Unter Wasser dehnen sich große Korallenriffe, an Land rascheln Leguane und große Landkrabben durch das Gebüsch, kleine grüne Papageien turnen in den Bäumen herum, und über den Lagunen von Great Inagua flattern Schwärme von Flamingos wie rosa Wolken.

Island-hopping ist nicht leicht auf den Südinseln, denn man muß meist immer wieder zurück nach Nassau fliegen zum Umsteigen. Nur die Postboote fahren in wöchentlichem Turnus nacheinander die verschiedenen Inseln an. Doch die große Sightseeing-Tour ist vielleicht gar nicht nötig: Im Binnenland sehen die Inseln praktisch überall gleich aus mit spärlichem Trockenwald und Dornenbüschen. Und auch die Dörfer mit ihren bunten *clapboard houses,* einfachen, oft auf Stelzen gebauten Holzhütten, ähneln sich stark. Traumhafte ruhige

Zu Besuch beim Kaiserfisch

Strände gibt es überall (allerdings manchmal verschmutzt vom Müll vorüberfahrender Schiffe) und Riffe zum Tauchen und Schnorcheln ebenfalls.

Da ist es das beste, man pickt sich eine Insel heraus und widmet sich dieser dafür intensiver. Eventuell kann man noch mit einem Fischerboot oder einer Chartermaschine einen Abstecher zur Nachbarinsel unternehmen – ansonsten lockt der Müßiggang. Die beliebteste Disziplin ist hier ohnehin das *hang loose.* Das heißt, man geht nach einem gemächlichen Frühstück an den Strand, schnorchelt ein bißchen oder planscht in den Wellen, gegen Mittag dann nimmt man an der Strandbar einen Fischsnack und ein kühles Kalik-Bierchen zu sich, plaudert ein wenig und döst anschließend unter den Palmen, bevor die Strandbar wieder zum *sundowner* ruft, dem Umtrunk bei Sonnenuntergang.

CAT ISLAND

(**F 9–10**) Über Jahrhunderte konnte sich die langgestreckte Insel am äußersten Ostrand der Bahamas in dem Ruhm von Kolumbus sonnen. Hier auf »San Salvador« soll der Entdecker erstmals den Boden der Neuen Welt betreten haben. Doch 1926 wurde ein Nachbareiland zur offiziellen Kolumbus-Insel erklärt, und Cat Island erhielt seinen neuen Namen nach dem berüchtigten Piraten Arthur Catt, der diese Region einst unsicher machte. Immerhin, eine Attraktion ist den 1600 Cat Islanders noch geblieben: Auf ihrer Insel liegt der höchste »Berg« der Bahamas, der 63 m hohe *Mount Alvernia.*

Von Arthur's Town im Norden bis Port Howe im Süden reiht sich ein rundes Dutzend Örtchen mit bunten Holzhütten entlang der teils recht löchrigen Inselstraße, die sich über 60 km die

MARCO POLO TIPS FÜR DIE SÜDLICHEN INSELN

1 Exuma Cays Land and Sea Park
Unberührte Natur von ihrer schönsten Seite: 15 einsame Inseln und kilometerlange Korallenriffe (Seite 81)

2 Inagua National Park
Pinkfarbene Flamingos allerorten – 60 000 sind es insgesamt. Ein gewaltiges Naturschauspiel für Vogelfreunde (Seite 83)

3 The Hermitage
Ein Ausflug auf den höchsten Berg der Bahamas, den Alvernia – mit besinnlicher Mönchsklause am Gipfel (Seite 79)

4 Tauchen mit den Haien
Auf Tuchfühlung mit den gefräßigen Giganten des Meeres – angeblich völlig gefahrlos (Seite 85)

In dieser Einsiedelei verbrachte Father Jerome seinen Lebensabend

ganze Länge von Cat Island hinzieht. Einige kleine Felder mit Erbsen, Mais und anderem Gemüse sowie einige Ziegenfarmen (und natürlich herrliche Sandstrände) säumen den Weg. Von den großen Baumwollplantagen, die es hier im letzten Jahrhundert gab, wie etwa die *Deveaux* und die *Armbrister Plantation* bei Port Howe, sind nur noch malerisch verwitterte Ruinen erhalten. Ein Abstecher lohnt sich auch zu den hohen *Klippen* im Süden zwischen Columbus Point und Devil's Point.

Das Leben auf der Insel verläuft noch recht traditionell. In den kleineren Orten sieht man noch öfters alte Brotöfen neben den Häusern, und an manchen Bäumen hängen bunte Flaschen oder Dosen, die nach altem Obeah-Glauben Böses von den Häusern und Feldern abwenden und dem Menschen Gutes bringen sollen. Daß dies zumindest manchmal klappt, zeigt die steile Karriere eines Cat Islanders: Hollywoodstar Sidney Poitier, der 1962 als erster schwarzer Schauspieler einen Oscar verliehen bekam, stammt aus *Arthur's Town* – und fast jeder hier will mit ihm verwandt sein, was vermutlich sogar stimmt.

BESICHTIGUNG

The Hermitage

★ Auf dem Gipfel des Mount Alvernia angekommen, fühlt man sich fast wie vor einer mittelalterlichen Mönchsklause: Der auf den Bahamas sehr verehrte Father Jerome, ein katholischer Priester, baute sich dieses Mini-Kloster mit Glockenturm und Kapelle im Jahr 1940 nach seiner Pensionierung und lebte hier als Eremit bis zu seinem Tod. Den Pfad zum Berggipfel legte er als Kreuzweg an.

HOTELS

Bridge Inn

Einfaches kleines Motel mit Restaurant im Örtchen New Bight; nur einige Schritte vom

Strand. *12 Zi., New Bight, Cat Island, Tel. 809/342-30 13, Fax 342-30 41, Kategorie 2–3*

Fernandez Bay Village

Das schönste Resort der Insel: 10 kleine, sehr gepflegte Villen an einer sanft geschwungenen Bucht mit herrlichem, schneeweißem Strand. Gutes Restaurant, Radvermietung und Tauchschule. Postadresse: *P.O. Box 2126, Ft. Lauderdale, FL 33303, USA, Tel. 305/474-48 21, Fax 474-48 64, Kategorie 1–2*

CROOKED ISLAND/ ACKLINS ISLAND

(**G 11–H 12**) Die beiden nur durch einen flachen Sund getrennten Inseln weit im Süden der Bahamas als verträumt zu bezeichnen wäre eine schamlose Untertreibung. Nur etwa 400 Menschen leben hier in ein paar kleinen Siedlungen als Fischer und Kleinfarmer. Crooked Island ist noch die etwas besser erschlossene Insel der beiden: Es gibt ein Hotel und einige kleine Gästehäuser. Doch vor allem zieht sich hier vor der Nordküste der Insel ein völlig unberührtes, rund 80 km langes Barriereriff hin – ein Eldorado für Taucher. An Land sind einige über hundert Jahre alte Leuchttürme und die Gärten und Ruinen alter Plantagen wie das *Hope House* zu entdecken – und Strände, viele viele weiße Sandstrände.

HOTELS

Caribe Bay

Angenehmes kleines Resort an einem schönen Strand nahe der Nordspitze von Crooked Island. Gut vor allem für Taucher und Sportangler. *14 Zi., Pitts Town, Tel. und Fax 809/344-25 07, Kategorie 2*

Crooked Island Beach Inn

Sehr einfache kleine Pension mit Restaurant. *6 Zi., Colonel Hill, Crooked Island, Tel. 809/336-20 96, Kategorie 3*

DIE EXUMAS

(**E 9–F 11**) Das Paradies besitzt, sagt man auf den Bahamas, so viele Cays wie das Jahr Tage hat: 365. Exakt so viele Eilande sollen nämlich die Exumas zählen, die sich wie eine Perlenkette auf gut 160 km Länge durch das flache Schelfmeer von New Providence bis über den Wendekreis des Krebses hinaus nach Süden ziehen. Die meisten der Riffinseln sind winzig und unbewohnt, nur auf der Hauptinsel *Great Exuma* ließen sich schon um 1780 einige Loyalisten aus Carolina nieder. Von ihnen – bzw. von ihren Sklaven – stammt auch die heute rund 4000 Seelen zählende Bevölkerung der Exumas ab. Daß die meisten der Exumer auf den Nachnamen Rolle hören, geht übrigens auch auf jene Zeit zurück. Als Lord Rolle of Steventon, einer der loyalistischen Plantagenbesitzer, seine Sklaven in die Freiheit entließ und seinen riesigen Besitz unter ihnen aufteilte, übernahmen die meisten von ihnen den Namen ihres einstigen Herrn.

Natürlich waren die Exumas damals auch bei den Piraten sehr beliebt. Captain Kidd war wohl der berühmteste von ihnen. Noch heute glaubt man, daß so mancher Schatz in versteckten

Grotten der Inseln liegt Nach den Schätzen der Natur braucht man dagegen nicht zu suchen: Das türkisfarbene Meer mit seinen bizarr geformten Korallengärten und bunt schillernden Fischschwärmen ist so klar, daß man vielerorts bis auf den Grund schauen kann. Auf manchen Cays der nördlichen Exumas sind sogar Leguane, die »bahamischen Drachen«, und Hutias zu Hause, jene seltenen karibischen Nagetiere, die vor wenigen Jahren schon als ausgestorben galten.

Die nördlichen Exuma-Inseln sind am besten per Boot oder Wasserflugzeug von Nassau aus zu bereisen. Von dort werden auch Ausflüge zum Yachthafen *Staniel Cay* und Tauchtouren zur berühmten *Thunderball Grotto* angeboten, in der schon mehrere James-Bond-Filme gedreht wurden.

Das touristische Zentrum der Exumas liegt weiter südlich um das gemütliche *George Town* auf Great Exuma. Ein quirliger kleiner Hafen, ein koloniales, pinkfarbenes Government House und dazu einige Dutzend Häuser – fertig ist die Hauptstadt der Insel. Unter dem ausladenden Banyan Tree im Ortszentrum gibt es einen kleinen Strohmarkt, die Bar des *Club Peace and Plenty* fungiert als Nachrichtenbörse. Von hier starten auch Boote zu der von herrlichen weißen Stränden gesäumten Badeinsel *Stocking Island.*

Auch eine Mietwagentour über Great Exuma und durch das über eine Brücke zu erreichende *Little Exuma* lohnt sich: Nördlich von George Town folgt die holprige Straße weitgehend der Küste, vorbei an endlosen Stränden, wo in der Nähe von *Farmer's Hill* ein neues Luxusresort samt Kasino entsteht – Anlaß für allerlei Bedenken bei den Insulanern. An der Nordspitze der Insel, in *Rolleville* (Lord Rolle war auch hier der Namensgeber), blieben noch die Überreste einer alten Sklavensiedlung erhalten. Vor der Rückfahrt sollten Sie sich dann noch im *Fisher Man's Inn* von *Barraterre* einen *lobster salad* und ein Kalik-Bier vor traumhafter Meereskulisse gönnen.

Auf der Fahrt nach Süden ist im alten Plantagenort *Rolle Town* noch das Marmorgrab einer loyalistischen Mutter und ihres Kindes aus dem Jahre 1792 zu sehen. Noch etwas weiter südlich überquert man den Wendekreis des Krebses, und gleich hinter der Brücke nach Little Exuma können Sie der berühmten *Shark Lady* einen Besuch abstatten: Gloria Patience, eine liebenswert skurrile alte Dame, hat in ihrer langen Anglerkarriere schon mehr als 2000 Haie gefangen. Aus den Zähnen und Knochen der Fische bastelt sie in ihrem fast wie ein Museum anmutenden Haus Halsketten und anderen Schmuck – vielleicht ein nettes Souvenir.

BESICHTIGUNG

Exuma Cays Land and Sea Park

★ Das 450 qkm große Reservat in den nördlichen Exumas bewahrt einen der schönsten Abschnitte der Inselkette. Die unbewohnten Cays zwischen Conch Cut bis Wax Cay Cut dienen als Refugien für Zugvögel, unter Wasser birgt der bereits 1958 gegründete Park artenreiche Korallenbänke. Zugang nur mit Charterbooten oder auf mehrtägigen Kajaktouren von George Town oder Nassau aus.

RESTAURANTS

Eddie's Edgewater
Beliebtes bahamisches Restaurant mit Bar, am Hafen gelegen. *Am Lake Victoria, George Town, Kategorie 3*

Hilltop Tavern
Hier sitzt man einfach und urig, aber die bahamischen Gerichte sind unübertrefflich. Das Gemüse kommt direkt von der eigenen Farm, der Fisch frisch vom Hafen. *Rolleville, Tel. 809/345-60 06, Kategorie 3*

HOTELS

Club Peace & Plenty
Eine Tradition in George Town: Der verwinkelte historische Bau neben dem Hafen war früher ein Markt für Schwämme; heute wohnt man hier gepflegt in kolonialer Nostalgie. Die urige kleine Bar ist Treffpunkt von Urlaubern, Seglern und Einheimischen. Zum Anwesen gehört außerdem ein getrenntes Strandhotel etwas nördlich der Stadt. Gutes Restaurant. *35 Zi., P.O. Box 29055, George Town, Tel. 809/336-25 51, Fax 336-20 93, Kategorie 1–2*

Coconut Cove
Sehr gepflegtes, kleines Hotel mit individuellem Service an einem ruhigen Strand etwas nördlich von George Town; schöner Garten und Pool. Ausgezeichnetes Restaurant. *14 Zi., P.O. Box 29299, George Town, Tel. 809/336-26 59, Fax 336-26 58, Kategorie 2*

Regatta Point
Fünf Ferienapartments auf einer winzigen Insel vor dem Hafen von George Town. *P.O. Box 29006, George Town, Tel. 809/336-22 06, Fax 336-20 46, Kategorie 2*

Three Sisters Beach Club
Ruhiges, etwas abgelegenes Hotel an einem langen Sandstrand im Norden von Great Exuma. Restaurant. *15 Zi., Mount Thompson, Exuma, Tel. 809/358-40 40, Fax 358-40 43, Kategorie 2*

Two Turtles Inn
Gemütliches kleines Gästehaus im Ortszentrum mit Blick über den Hafen; Restaurant und Bar. *14 Zi., P.O. Box 29251, George Town, Tel. 809/336-25 45, Fax 336-25 28, Kategorie 2–3*

SPIEL UND SPORT

Exuma Fantasea
Vermietung von Booten und Tauchausrüstung sowie Touren zu den Riffen und Höhlen um Great Exuma. *Box 29261, George Town, Tel. 809/336-34 83*

Ecosummer Expeditions
Einwöchige Kajakfahrten durch die Inselwelt der nördlichen Exumas mit Zeltcamps an abgelegenen Stränden; nur im Winter und Frühjahr. Postadresse: *1516 Duranleau Street, Vancouver, B.C. V6H384, Canada, Tel. 604/669-77 41*

GREAT INAGUA

(**H 10–I 11**) Die drittgrößte und südlichste Insel der Bahamas ist der Tip für Hobby-Ornithologen: In den großen Lagunen im Inneren der rund 90 km langen und etwa

30 km breiten Insel nisten Flamingokolonien, und rund 200 weitere Vogelarten wurden hier schon gesichtet. Ansonsten hat man auf Great Inagua mit Tourismus wenig im Sinn. Die Küste ist großteils steinig und sehr flach, und nur der Westzipfel der fast wüstenhaft trockenen Insel ist mit Straßen erschlossen. Die knapp 1000 Bewohner von *Matthew Town*, der einzigen Siedlung Great Inaguas, leben von der Salzgewinnung. Einziger Arbeitgeber ist die Morton Salt Company, die seit gut 40 Jahren in großen Becken außerhalb der Stadt Meerwasser verdunstet und das zurückbleibende Salz exportiert – 1 Mio. Tonnen pro Jahr.

BESICHTIGUNG

Inagua National Park

★ Flamingos sind die Top-Attraktion dieses 743 qkm Fläche umfassenden Naturreservates. Der *Lake Rosa* (auf vielen Karten auch Lake Windsor benannt), ein riesiger Brackwassersee im Zentrum der Insel, ist das Brutgebiet von über 60 000 dieser eleganten Watvögel – die größte Flamingo-Kolonie der westlichen Hemisphäre. Zu Tausenden stehen die bis zu 1,40 m hohen Vögel im flachen Wasser, filtern mit ihren charakteristisch gekrümmten Schnäbeln Algen aus der salzigen Brühe oder bauen an ihren kegelförmigen Schlammnestern. Beste Beobachtungszeit ist von Februar bis Juni, wenn die Jungen aufgezogen werden. Daneben leben im Park aber auch noch zahlreiche Reiherarten, Rosalöffler und andere Watvögel sowie Meeresschildkröten; in den struppigen Trockenwäldern sind seltene Papageien, westindische Baumenten und Fischadler zu beobachten. Der Park ist nur auf Führungen durch die Parkranger zugänglich. Kleingruppen von Vogelkundlern können auch in einem rustikalen Camp am Seeufer wohnen. Anmeldung vorab notwendig beim *Bahamas National Trust, Village Road, P.O. Box N-4105, Nassau, Tel. 809/393-13 17, Fax 393-49 78*

RESTAURANT

Topp's Restaurant

Kleines Fischlokal im Ort; auch Picknickbedarf für Touren in den Nationalpark. *Astwood Street*

HOTEL

Ford's Inagua Inn

Einfaches kleines Gästehaus mit 5 Zimmern, Bar und Restaurant. *Matthew Town, Inagua, Tel. 809/339-12 77, Kategorie 3*

LONG ISLAND

(**F 10–G 11**) Die schmale, relativ üppig bewachsene Insel macht mit über 100 km Länge ihrem Namen alle Ehre. Die rund 3000 Einwohner, Fischer und Farmer, leben allesamt in winzigen Orten entlang der einzigen Inselstraße. Buntbemalte Kirchen und Kneipen, Mangoplantagen und alte Salzteiche säumen den Weg. Zum Sightseeing lohnt sich eine kurze Kletterpartie auf das *Cape Santa Maria* am Nordende der Insel, wo ein weißes Kreuz auf hoher Klippe an Kolumbus erinnert. Long Island war die dritte Insel, die er in der Neuen Welt entdeckte – das ist sogar unter Historikern unumstritten.

Entlang der Nordwestküste etwas südlich von Cape Santa Maria liegen auch die schönsten Strände der Insel – lauschige Badestellen mit puderfeinem weißem Sand. Interessantester Ort im Süden ist *Clarence Town*, ein Hafenstädtchen mit pastellfarbenen Häusern und den beiden imposanten, fast maurisch anmutenden Kirchen St. Paul und St. Peter, die zu Anfang des Jahrhunderts errichtet wurden. In der Umgebung sind im verkarsteten Kalkfels Tropfsteinhöhlen zu erkunden, und an der Ostküste liegt unmittelbar vor dem Strand ein Blue Hole. Auch hier wie auf den anderen Inseln stößt man im Hinterland auf Ruinen von großen Plantagenhäusern aus dem 19. Jh.: *Dunmore Plantation* bei Clarence Town etwa oder die *Adderley Plantation* am Nordende der Insel.

HOTELS

Cape Santa Maria Beach Resort

Ein kleines, sehr angenehmes Strandhotel unter kanadischer Leitung an einem der schönsten Strände der Insel. Restaurant. *40 Zi., Cape Santa Maria, Long Island, Tel. 809/357-10 06, Fax 604/598-13 61, Kategorie 1*

Stella Maris Resort Club

Die weitläufige, gepflegte Anlage mit Ferienapartments und Villen in einer alten Plantage wurde bereits in den 60er Jahren von Deutschen gegründet. Noch heute gehören viele der Ferienvillen europäischen Urlaubern, die Inseleinsamkeit suchen und zumeist begeisterte Taucher sind. Nicht zuletzt die ausgezeichnete Tauchschule zeichnet dafür verantwortlich. Mehrere Pools, Tennisplätze, Strände, gutes Restau-

Am Cape Santa Maria liegen die schönsten Strände von Long Island

rant und Bar. *50 Zi., Stella Maris, Long Island, Tel. 809/338-2051, Fax 305/359-8238, Kategorie 1–2*

SPIEL UND SPORT

Tauchen

Über die Jahre hat sich Long Island besonderen Ruhm in der Tauchszene erworben: Abgesehen von den bunten Korallenriffen und der guten Tauchschule von Stella Maris sind vor allem die ★ Tauchgänge mit Haifütterung spektakulär. Seit fast 20 Jahren werden hier graue Riffhaie angefüttert, und wenn am Shark Reef der Eimer mit den Fischen ins Wasser plumpst, ist die Hölle los. 10 bis 15 oft mehrere Meter lange Haie balgen sich um die blutigen Leckereien. Unfälle gab es angeblich bisher noch nie – die Haie wissen offenbar Bescheid.

SAN SALVADOR

(**G 10**) Das ist sie also, die Kolumbus-Insel Guanahani, auf der Cristobal Colón, der Genueser in spanischen Diensten, 1492 erstmals die Neue Welt betrat. Die Historiker streiten zwar nach wie vor, doch die Regierung der Bahamas – und natürlich vor allem die 500 Einwohner von San Salvador – sind fest davon überzeugt. Die großen Brackwasserlagunen im Binnenland der kaum 20 km langen Insel stimmen wohl mit den Aufzeichnungen im Logbuch von Kolumbus überein, und bei Ausgrabungen wurden sogar alte spanische Musketenkugeln und eine Münze gefunden.

Um die historische Bedeutung zu untermauern, wurden über die Jahre gleich vier Kolumbus-Denkmäler errichtet. Das wichtigste, ein großes weißes Kreuz, steht etwa 5 km südlich des einzigen Inselortes *Cockburn Town* am Strand. Daneben wurde zur 500-Jahr-Feier der Entdeckung Amerikas ein Indianerdorf nachgebaut. Das kleine *San Salvador Museum* im alten Gefängnis der Insel zeigt ebenso wie das private *New World Museum* nördlich von Cockburn Town kleine Ausstellungen über die Lucayo-Indianer und Kolumbus. Ebenfalls sehenswert ist an der Nordspitze der Insel das *Dixon Hill Lighthouse*, das wie seit seiner Erbauung 1856 noch heute mit Kerosin betrieben wird. Verstreut über die Insel liegen außerdem noch Kalksteinhöhlen und die Ruinen alter Plantagen wie *Fortune Hill* oder *Watling's Castle*.

HOTELS

Club Med Columbus Isle

Weitläufige, moderne Klubanlage an einem langen Sandstrand im Nordwesen der Insel; Disko, Restaurants und gute Wassersportangebote. *270 Zi., Cockburn Town, Tel. 809/331-2000. Zu buchen nur von zu Hause als Pauschalpaket, Kategorie 1–2*

Riding Rock Inn

Seit Jahrzehnten ist das einfache Hotel am Ortsrand von Cockburn Town ein Treff der internationalen Taucherszene. Die 24 Zimmer sind groß und komfortabel möbliert. *Guanahani Dive*, der erfahrene Tauchshop des Hotels, organisiert Touren und ist spezialisiert auf Unterwasserfotografie. Restaurant. *Cockburn Town, Tel. in USA 305/359-8353, Fax 359-8254, Kategorie 2*

BATELCO
USE 25 CENT COIN ONLY
Collect and Credit Card
Directory Assistance

Von Auskunft bis Zoll

Adressen, Ratschläge und Tips für Ihre Reise auf die Bahamas

AUSKUNFT

Bahamas Tourist Office
Individuelle Auskünfte und Versand von allgemeinem Informationsmaterial sowie einer Liste aller Veranstalter, die Reisen auf die Bahamas anbieten. *Leipziger Str. 67d, D-60487 Frankfurt/Main, Tel. 069/970 83 40, Fax 97 08 34 34*; gebührenfreie Auskunft in Deutschland unter *Tel. 0130/ 81 31 18* (auch zuständig für die Schweiz und Österreich).

Vor Ort helfen das Hotelpersonal und die Büros des Bahamas Tourist Office in Nassau und Freeport weiter. Stadtpläne und Besichtigungstips finden Sie auch in den Touristenbroschüren *What's On, Welcome* oder *Best Buys*, die in vielen Hotels und Läden ausliegen.

AUTOFAHREN

Gefahren wird auf den Bahamas links – ein altes britisches Erbe. Alle übrigen Verkehrsregeln werden – zumindest von den meisten Bahamern – eher als Vorschläge betrachtet, daran halten tut man sich nicht unbedingt. Die Höchstgeschwindigkeit ist – offiziell zumindest – auf den Landstraßen 45 Meilen/Stunde (72 km/h), in Ortschaften meist 30 Meilen/Stunde (48 km/h).

Alle wichtigen Straßen sind auch auf den Out Islands asphaltiert, aber teilweise in schlechtem Zustand mit vielen Schlaglöchern. Bei einem Aufenthalt bis zu drei Monaten genügt der heimische Führerschein.

Telefoniert wird wie in Amerika, Auto gefahren wie in England

AUTOMIETE

Internationale Mietwagenfirmen gibt es nur in Nassau und Freeport. Der nationale Führerschein genügt zur Anmietung; Mindestmietalter ist 21, manchmal auch 25 Jahre. Ein Wagen kostet pro Tag 50–80 B$. Auf den Family Islands vermittelt Ihnen die Hotelrezeption einen Privatwagen (ca. 70 B$ je Tag), meist einen uralten amerikanischen Schlitten, der jedoch für ein oder zwei Sightseeing-Tage gute Dienste tut. Die meisten Mietwagen haben übrigens, da sie aus den USA eingeführt sind, das Steuer auf der linken Seite – obwohl auch links gefahren wird.

Auf einigen der Inseln wie etwa auf Harbour Island können Sie für ca. 30–35 B$ pro Tag ein Moped mieten (Helme sind Pflicht) oder für ca. 15 B$ ein Fahrrad.

BANKEN, GELD UND KREDITKARTEN

Offizielle Währung ist der Bahama-Dollar (1 B$ = 100 Cents), der seit Jahren im Verhältnis 1:1 an den US-Dollar gekoppelt ist. Es gibt Banknoten *(bills)* zu 1, 3, 5, 10, 20, 50 und 100 Dollar sowie Münzen *(coins)* in teils recht ungewöhnlichen Formen zu 1 ¢ (penny), 5 ¢ (nickel), 10 ¢ *(dime)*, 25 ¢ *(quarter)* und 50 ¢. Die Banken sind *Mo–Do 9.30–15, Fr 9 bis 17 Uhr* geöffnet.

Amerikanische Dollar und Reiseschecks in US-$ werden überall in Läden und Restaurants akzeptiert, das Wechselgeld bekommt man in B$ zurück. Das beste ist daher, die Reisekasse gleich in US-Dollar mitzubringen: einige hundert Dollar in bar, den Rest in Travellerschecks, ausgestellt in US-$. Dazu möglichst noch eine Kreditkarte (Visa, American Express oder Eurocard) für größere Ausgaben und für Notfälle. Kreditkarten werden in allen Hotels, vielen Läden und Restaurants angenommen, nur auf den kleineren Inseln zahlt man am besten bar. Eurocheques sind unbekannt, und Mark kann man nur auf der Bank oder (zu meist recht schlechtem Kurs) in den großen Hotels wechseln.

Vor der Rückreise sollten Sie alle bahamischen Dollar ausgeben oder wieder zurücktauschen, da es außerhalb der Bahamas schwer ist, sie zu wechseln.

CAMPING

Offizielle Campingplätze gibt es nicht, doch auf einer Kajaktour etwa ist es kein Problem, auf einer idyllischen Insel für kurze Zeit das Lager aufzuschlagen. In der Nähe von Ortschaften wird wildes Zelten jedoch nicht gerne gesehen.

DIPLOMATISCHE VERTRETUNGEN

Deutsches Honorarkonsulat
Ernst Brokmeier, P.O. Box N 3035, Nassau, Tel. 809/322-80 32, Fax 325-57 31

Österreichisches Honorarkonsulat
Heinz R. Kloihofer, P.O. Box SS 6519, Nassau, Tel. 809/363-29 29, Fax 363-23 08

Schweizerische Botschaft
Die Schweiz hat keine Vertretung auf den Bahamas, zuständig ist: *5 Marlborough Avenue, Ottawa, Canada, K1N 8E6, Tel. 613/235-18 37, Fax 536-13 94*

INLANDSFLÜGE

Fliegen gehört auf den Bahamas zum täglichen Leben und ist vergleichsweise preiswert. Jede größere Insel hat zumindest einen Flughafen, manche sogar mehrere. Einige Resorthotels und Angel-Lodges im Hinterland sind sogar ausschließlich per Flugzeug zu erreichen.

Alle wichtigeren Orte und Inseln werden von der nationalen Airline BahamasAir angeflogen. Drehkreuz für alle Flüge ist Nassau. Für internationale Besucher bietet BahamasAir verbilligte Tarife und einen günstigen Coupon-Paß zum Island-hopping an.

Allerdings müssen Sie diese Tickets bereits vor der Reise in Europa buchen. Auskunft und Flugpläne bekommen Sie im Reisebüro oder bei der Vertretung von BahamasAir: *Guest International, Kisseleff Str. 8, 61348 Bad Homburg, Tel. 06172/26024, Fax 690881.*

Daneben gibt es noch eine Reihe kleinerer Airlines wie etwa Taino Air oder die bereits 1919 gegründete Chalk's International Airline (die älteste Airline der Welt!) sowie Chartergesellschaften, die verschiedene kleinere Inseln anfliegen.

Einige Resorts haben auch eigene Flugzeuge, mit denen die Gäste vom Flughafen in Nassau oder Miami abgeholt werden.

GESUNDHEIT

Krankenhäuser gibt es nur in Nassau und Freeport, doch auf den kleineren Inseln führt meist eine Krankenschwester eine Notfallstation. Falls nötig, werden Sie dann ausgeflogen – und das kann teuer werden. Als Tourist ist man automatisch Privatpatient, daher sollten Sie für die Reise unbedingt eine Auslandskrankenversicherung abschließen. Malariagefahr besteht nicht, Impfungen sind nicht notwendig.

Das Leitungswasser ist überall auf den Bahamas ohne gesundheitliche Risiken trinkbar, schmeckt aber auf vielen kleineren Inseln etwas salzig, so daß meist gefiltertes oder abgefülltes Wasser serviert wird. Wenn Sie auf einer einsamen Insel campen, sollten sie Wasser aus Quellen oder Teichen auf jeden Fall filtern oder abkochen.

KLIMA UND REISEZEIT

Die Bahamas liegen am Nordrand der Karibik und besitzen zum größten Teil tropisches, stark vom Meer beeinflußtes Klima. Die Winter sind frostfrei, sonnig und trocken mit durchschnittlichen Tageshöchsttemperaturen um 25 °C. Manchmal jedoch kommt es zu Kälteeinbrüchen auf den nördlichen Inseln. Die Sommer sind heiß und feucht mit Temperaturen über 30 °C, aber die stete Brise vom Meer macht das Strandleben dennoch erträglich. Die Niederschläge kommen meist während des Sommers als kurze, tropische Regengüsse; der September ist besonders regnerisch. Von Weihnachten bis Ostern ist Hochsaison – und eigentlich die schlechteste Reisezeit: Die Hotels sind voll und teuer, im Januar kommt mit schöner Regelmäßigkeit eine Kaltfront aus dem Norden und sorgt für Regen und schneidenden Wind. Ideal für den Inselurlaub sind die Monate April bis Juni und von Mitte Oktober bis Mitte Dezember. Im Spätsommer sind manche Hotels geschlossen, und es drohen regnerische Ausläufer von Hurrikans. Das Wasser wird auch im Januar nicht kälter als 22–23 °C, im Sommer klettert die Temperatur sogar auf angenehme 27 °C.

MASSE UND GEWICHTE

Wie in den USA fahren Sie auf den Highways Meilen (1,6 km), kaufen Benzin in Gallonen (3,7 l) und schwitzen am Strand in Fahrenheitgraden: (0 °C = 32 °F, 20 °C = 68 °F, 25 °C = 77 °F, 30 °C = 86 °F, 35 °C = 95 °F).

NOTRUF

In Nassau und Freeport gilt die Notrufnummer *919*, auf den kleineren Inseln wenden Sie sich am besten an das Hotelpersonal. Die Nummern der Polizeistationen auf den Out Islands sind – soweit vorhanden – auf den Telefonen angegeben. Im Zweifelsfall können Sie sich immer an den Operator »0« wenden.

ÖFFENTLICHE VERKEHRSMITTEL

Im ganzen Stadtgebiet von Nassau verkehren *Jitney*-Busse, mit denen man für 75 ¢ überall hinkommt. Abfahrtstelle ist in der Innenstadt an der Bay Street. In Freeport verkehren Busse für 1 B$ zwischen den Hotels und der Innenstadt. Taxis kosten 2 B$ für die erste Viertelmeile, 30 ¢ für jede weitere. Doch Vorsicht: Achten Sie bei Fahrten mit dem Taxi darauf, daß der Fahrer den Zähler einschaltet – oder machen Sie vorher mit ihm einen Preis aus.

Auf allen kleineren Inseln kommt man nur per Taxi weiter – teilweise zu gesalzenen Preisen. Erkundigen Sie sich immer vorab danach. Zum Sightseeing können Sie auch für etwa 30 B$ pro Stunde ein Taxi mieten; und teilweise vermitteln die Taxifahrer auch Mietwagen. Zu vorgelagerten Inseln, also etwa von Abaco nach Hope Town oder von Eleuthera nach Harbour Island, verkehren Wassertaxis.

Eine zwar rustikale, aber sehr preisgünstige und stimmungsvolle Möglichkeit, zwischen den Inseln zu reisen, sind die Postschiffe. Sie legen in Nassau vom Pier unterhalb der Brücke nach Paradise Island ab und fahren im Wochenturnus die meisten kleineren Inseln an. Die Preise für eine Tour mit dem *Mail Boat* liegen zwischen 20 und 50 B$ je Strecke. Info direkt am Dock oder beim *Dockmaster's Office, Tel. 809/393-10 64*.

ÖFFNUNGSZEITEN

Die Läden sind überwiegend Mo bis Sa von 9.30 bis 17 oder 18 Uhr geöffnet; die Shopping-Malls in Nassau und Freeport bis 21 Uhr und auch sonntags. Die kleinen Geschäfte auf den Out Islands bleiben mittags meist geschlossen. Bei den kleinen Museen sind die Öffnungszeiten oft recht variabel – je nachdem, ob und wann das Personal Zeit und Lust hat.

PASS

Für Deutsche, Österreicher und Schweizer genügt für einen Aufenthalt bis zu drei Monaten der gültige Reisepaß. Grundsätzlich müssen Sie schon bei der Einreise ein Flugticket zur Rück- oder Weiterreise vorweisen können. Den Durchschlag der bei der Einreise auszufüllenden *immigration card* sollten Sie gut aufheben, denn er muß bei der Ausreise wieder abgegeben werden. Impfungen sind nicht notwendig.

POST

Postämter haben Mo bis Fr 8.30–17.30 geöffnet, meist gibt man aber die Post einfach an der Hotelrezeption ab. Das Porto für Luftpostbriefe nach Europa beträgt 60 ¢, für Postkarten 40 ¢. Von Nassau und Freeport aus ist eine Karte etwa sechs Tage nach

Europa unterwegs, von den kleineren Inseln dauert es drei bis vier Tage länger.

STEUERN

Allgemeine Verkaufssteuern gibt es nicht, doch im Hotel wird eine Übernachtungssteuer von 10 Prozent aufgeschlagen, in den kleineren Hotels der Out Islands sind es 5 Prozent. Bei der Ausreise werden pro Person 15 B$ Ausreisesteuer fällig, in Freeport 18 B$.

STROMSPANNUNG

110 Volt, 60 Hertz. Einen Steckdosenadapter für den (umschaltbaren!) Fön oder Rasierapparat sollten Sie am besten schon von zu Hause mitbringen.

TELEFON

Das Telefonnetz auf den Bahamas funktioniert wie in den USA: Alle Telefonnummern sind siebenstellig, dazu kommt für Ferngespräche noch eine dreistellige Vorwahl *(area code)*. Für die gesamten Bahamas gilt die Vorwahl 001-809.

Ortsgespräche aus der Telefonzelle kosten 25 ¢, bei Ferngesprächen gibt ein Operator nach dem Wählen die Gebühr an. Für Ortsgespräche wählen Sie nur die Nummer, für Ferngespräche vor der Nummer eine »1« und die Vorwahl. Vorsicht: Im Hotel werden oft horrende Aufschläge berechnet. Preiswerter telefonieren kann man mit einer amerikanischen Telefon-Kreditkarte (z.B. von AT&T), die Sie in Europa kostenlos bei allen gängigen Kreditkartenfirmen beantragen können (gebührenfreie Auskunft in Deutschland unter Tel. 0130/ 83 88 88).

Bei allen Telefonproblemen hilft der *operator* »0« weiter, er vermittelt auch R-Gespräche *(collect calls)*. Eine andere Besonderheit sind die gebührenfreien Nummern mit der Vorwahl 800, über die man Hotels oder Mietwagen reservieren kann.

Vorwahl nach Deutschland 011-49, Österreich 011-43, in die Schweiz 011-41, dann die Ortsvorwahl ohne die erste Null und danach die Rufnummer.

TRINKGELD

Üblich sind in Bars und Restaurants etwa 10–15 Prozent *service charge*. Allerdings wird dieses Bedienungsgeld in vielen Hotels und Touristenlokalen bereits automatisch eingerechnet. Falls Sie nicht sicher sind, fragen Sie ruhig nach und lassen dann gegebenenfalls etwa 15 Prozent des Rechnungsbetrages auf dem Tisch liegen.

Auch Taxifahrer erwarten etwa 15 Prozent *tip*. Der Kofferträger im Hotel bekommt etwa 1 B$ je Gepäckstück, ein Reiseführer bei einer Tagestour als Trinkgeld etwa 3–5 B$.

ZEITZONE

Die gesamten Bahamas befinden sich in der *Eastern Time Zone*, das heißt, sie liegen um sechs Stunden hinter der Mitteleuropäischen Zeit zurück (MEZ – 6 Stunden). Vom ersten Sonntag im April bis zum letzten Sonntag im Oktober gilt wie in Europa Sommerzeit mit einer Zeitverschiebung von + 1 Stunde.

ZOLL

Alle Gegenstände für den persönlichen Gebrauch können zollfrei eingeführt werden. Pflanzen, Obst und andere frische Lebensmittel dürfen nicht mitgebracht werden. Erlaubt sind pro Erwachsenen 200 Zigaretten oder 50 Zigarren oder 450 Gramm Tabak, 1,1 Liter Wein sowie 1,1 Liter Spirituosen. Dazu Geschenke bis zu einem Wert von 100 Dollar. Vorsicht bei der Rückreise: Muscheln und Korallen oder Produkte daraus, die unter das Washingtoner Artenschutzabkommen fallen, dürfen nicht in die EU eingeführt werden. Dazu gehören auch die hübschen Conchs-Schalen.

WETTER IN NASSAU

Die monatlichen Durchschnittswerte im Überblick

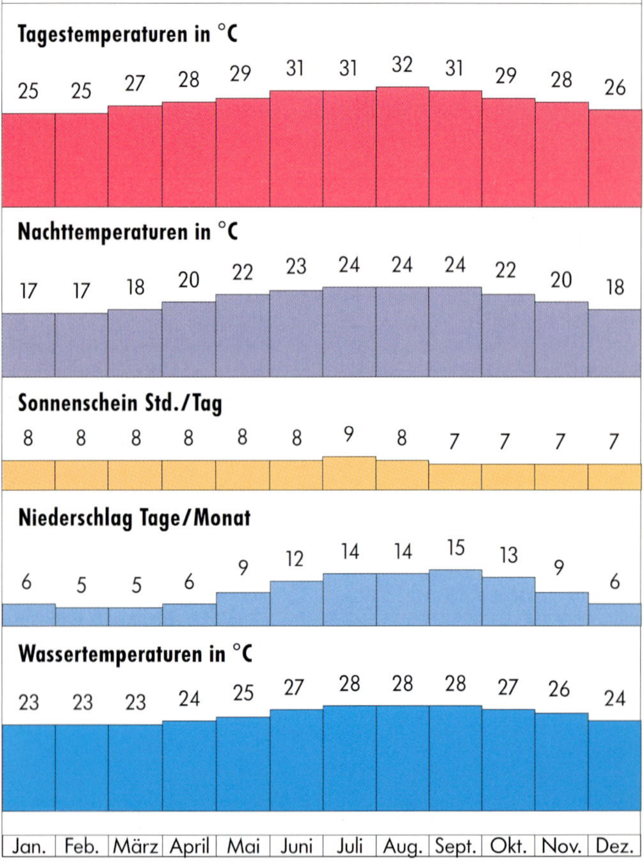

Bloß nicht!

Auch auf den Bahamas gibt es – wie in allen Reiseländern – Touristenfallen oder Dinge, über die man informiert sein sollte

Übertriebene Angst vor Dieben haben

Die Bahamas sind zwar nicht das sicherste Reiseland der Welt, aber mit ein wenig gesundem Menschenverstand wird Ihnen kaum etwas passieren. Um den Mietwagen brauchen Sie sich keine Gedanken zu machen: Wohin könnte ein Autodieb auf den Inseln schon fliehen? Jedoch sollten Sie auf dem Parkplatz keine Wertgegenstände offen im Wagen liegenlassen und in Nassau nicht nachts alleine durch dunkle Seitenstraßen gehen. Auf den Out Islands gibt es wenig Gefahren, hier kennt jeder jeden, und manchmal haben die Hotels nicht einmal Zimmerschlüssel.

Ohne Preisabsprache Taxi fahren

Setzen Sie sich bloß nicht in ein Taxi mit der einfachen Bitte loszufahren, sondern vergewissern Sie sich, daß der Fahrer auch tatsächlich den Taxameter einschaltet – was er eigentlich muß. Bestehen Sie also darauf, oder handeln Sie vorab einen Preis aus. Nicht wenige der Taxi-Kutscher sind Schlitzohren – aber es gibt auch genug ehrliche. Wenn Sie sich mit einem Fahrer gut verstehen und er sich auskennt, sollten Sie ihn (oder sie) ruhig schon für die nächsten Fahrten oder sogar für eine Sightseeing-Tour vorab buchen. Dann werden Sie prompt abgeholt und können so einiges über die jeweilige Insel erfahren. Auf den Out Islands sind die Fahrpreise zwar recht gesalzen, aber man sollte bedenken, daß die Autos, alle Ersatzteile und jeder Tropfen Benzin mühsam per Schiff importiert werden müssen.

Ohne Handeln einkaufen

In den Kaufhäusern und den noblen Boutiquen von Nassau und Freeport sind die Preise fix. Doch auf den Strohmärkten oder beim fliegenden Händler am Strand gehört Handeln einfach dazu. Der Verkäufer wird Sie als extrem dummen Touristen einschätzen, wenn Sie nicht mitspielen. 20 Prozent Abschlag sind immer drin, oft auch mehr. Doch es geht nicht allein ums Geld: Zur Zeremonie des Feilschens gehört auch freundliches Geplauder, woher man kommt und wie viele Kinder die Verkäuferin hat und wie es denen in der Schule geht. Eine gute Gelegenheit, auch etwas über das tägliche Leben auf den Bahamas zu erfahren.

Drogen kaufen

An der Bay Street Nassaus und in den Seitengassen ringsum kann es durchaus passieren, daß Ihnen ein wildgelockter Rasta-Mann im Vorbeigehen »Schnee«, »Gras« oder andere Mittelchen anbietet. Lassen Sie die Finger davon. Die Bahamas hatten während der achtziger Jahre ein großes Drogen- und Schmuggelproblem, entsprechend drakonisch sind die Strafen noch heute.

Die Sonne unterschätzen

Die Bahamas liegen zwar noch nicht ganz in den Tropen, aber die Sonne brennt mit ähnlicher Intensität vom blauen Himmel. Vor allem am Wasser – und das ist hier wirklich überall präsent – holt man sich in kürzester Zeit einen üblen Sonnenbrand. Sonnencreme mit hohem Lichtschutzfaktor ist daher besonders in den ersten Tagen wichtig. Ziehen Sie sich übrigens auch zum Schnorcheln lieber ein T-Shirt an, sonst müssen Sie mit einem feuerroten Rücken rechnen.

Im Badedreß durch die Stadt flanieren

Badekleidung sollten Sie tatsächlich nur am Strand tragen. In den Städten sind die Bahamer selbst meist recht gepflegt angezogen, und sogar auf den Out Islands tragen die Bewohner meist lange Hosen beziehungsweise Kleider. Für Touristen sind kurze Hosen für den Bummel im Ort durchaus okay – aber nicht Bikini oder Badehose. Vor allem sonntags, wenn sich die Bahamer besonders adrett herausputzen, wäre es arg verfehlt, neben der Kirche im Badedreß herumzuflanieren.

Nahtlos braun sein wollen

Auf den puritanisch prüden Bahamas ist Oben-ohne oder gar FKK am Hotelpool oder an den belebteren Stränden verpönt. Die Herren tragen sogar meist knielange Badeshorts. Knappe Bikinis sind dagegen – eine schöne Doppelmoral – recht gern gesehen. An den einsamen, oft sogar völlig menschenleeren Stränden der Out Islands liegen die Dinge selbstverständlich anders. Hier gilt: Badekleidung ganz nach eigenem Gusto, denn wo keine Kläger, da keine Richter.

Timeshare-Urlaub kaufen

Vor allem in Freeport und Nassau lauern smarte Verkäufer, die den Passanten in den Shopping-Märkten Ferienwohnungen und Timeshare-Projekte aufschwatzen wollen. Sie locken mit kostenlosen Dinners und Ausflugsfahrten – man muß sich dafür nur ein Apartment ansehen. So lukrativ das Geschäft auch scheint – lassen Sie sich nicht verführen, denn es gibt zwar auch seriöse Angebote, doch die sind während eines kurzen Urlaubs so schnell nicht von den faulen Angeboten zu unterscheiden. Und wenn man mal unterschrieben hat, nehmen die Zusatzausgaben kein Ende.

Ein Zimmer ohne Blick buchen

Wenn Sie schon in einem Strandhotel wohnen, sollten Sie sich auch *ocean view* leisten. In einem Zimmer nach hinten, also mit *garden view* (was oft genug Blick auf den Parkplatz bedeutet), wird Sie sonst die Vorstellung ärgern, daß der erste Blick am Morgen auch auf Palmen und Meer fallen könnte. In der Nebensaison ist es oft möglich, auch vor Ort noch gegen geringen Aufpreis umzuziehen.

In diesem Register finden Sie alle im Führer erwähnten Inseln, Orte und Sehenswürdigkeiten. Halbfette Seitenzahlen verweisen auf den Haupteintrag, kursive auf ein Foto.

Abkürzungen:
NP: New Providence
GB: Grand Bahama
Ab: Abaco Island
El: Eleuthera Island
Ex: Exumas

Was bekomme ich für mein Geld?

Die Bahamas sind kein Billigziel, im Vergleich etwa zum nebenan gelegenen Florida sind hier die Preise um gut 20 Prozent höher, da fast alle Güter importiert werden müssen. Trotzdem, in einer Kombination aus günstiger Pauschalbuchung und individuellen Zusatztouren muß der Inselurlaub nicht die Reisekasse sprengen. Der bahamische Dollar wurde, da er an den US-Dollar gekoppelt ist, in den letzten Jahren sogar günstiger und hat schon Rekordtiefen von unter 1,40 Mark gesehen. Auch Flugpreise und Pauschalarrangements sind im Preis gesunken.

Zum Vergleich der Kaufkraft hier einige Beispiele: Das Frühstück im Hotel kommt auf etwa 8–12 B$, in Nobelherbergen noch etwas mehr. In einem einfachen bahamischen Lokal kostet das Dinner 12–15 B$, im feinen Hotelrestaurant zahlen Sie etwa 25–35 B$. Die Flasche Kalik-Bier in der Bar beläuft sich auf 3 bis 4 B$, die Flasche Importbier schlägt mit mindestens 4 B$ zu Buche. Ein Mietfahrrad kommt auf 15 B$ pro Tag, ein ganztägiger Bootsausflug zum Schnorcheln auf 60–80 B$. Ein Boot zum Hochseeangeln kostet samt Skipper am Tag 400 B$ und mehr. Aber Sie können schon für 70 B$ pro Tag ein kleines Motorboot mieten. Nicht vergessen: 15 bzw. 18 B$ Abflugsteuer müssen am Ende der Reise noch übrig sein.

DM	B$	B$	DM
1	0,71	1	1,40
2	1,42	2	2,80
3	2,13	3	4,20
4	2,84	4	5,60
5	3,55	5	7,00
10	7,10	10	14,00
20	14,20	20	28,00
30	21,30	30	42,00
40	28,40	40	56,00
50	35,50	50	70,00
60	42,60	60	84,00
70	49,70	70	98,00
80	56,80	80	112,00
90	63,90	90	126,00
100	71,00	100	140,00
200	142,00	200	280,00
300	213,00	300	420,00
500	355,00	500	700,00
750	532,50	750	1.050,00
1.000	710,00	1.000	1.400,00

Sprechen und Verstehen ganz einfach

Zur Erleichterung der Aussprache sind alle englischen Wörter mit einer einfachen Aussprache (in eckigen Klammern) versehen. Folgende Zeichen sind Sonderzeichen:

ə	nur angedeutetes »e« wie in bitte
θ	[s] gesprorchen mit der Zungenspitze zwischen den Zähnen

AUF EINEN BLICK

Ja./Nein.	Yes. [jäs]/No. [nəu]
Vielleicht.	Perhaps. [pə'häps]/Maybe. ['mäibih]
Bitte.	Please. [plihs]
Danke.	Thank you. ['θänkju]
Vielen Dank!	Thank you very much. ['θänkju 'wäri 'matsch]
Gern geschehen.	You're welcome. [joh 'wälkəm]
Entschuldigung!	I'm sorry! [aim 'sori]
Wie bitte?	Pardon? ['pahdn]
Ich verstehe Sie/dich nicht.	I don't understand. [ai dəunt andə'ständ]
Ich spreche nur wenig …	I only speak a bit of … [ai 'əunli spihk ə'bit əw …]
Können Sie mir bitte helfen?	Can you help me, please? ['kən ju 'hälp mi plihs]
Ich möchte …	I'd like … [aid'laik]
Das gefällt mir (nicht).	I (don't) like it. [ai (dəunt) laik‿it]
Haben Sie …?	Have you got …? ['həw ju got]
Wieviel kostet es?	How much is it? ['hau'matsch is it]
Wieviel Uhr ist es?	What time is it? [wot 'taim is it]

KENNENLERNEN

Guten Morgen!	Good morning! [gud 'mohning]
Guten Tag!	Good afternoon! [gud ahftə'nuhn]
Guten Abend!	Good evening! [gud 'ihwning]
Hallo! Grüß dich!	Hello! [hə'ləu]/Hi! [hai]
Mein Name ist …	My name ist … [mai näims …]
Wie ist Ihr/Dein Name?	What's your name? [wots joh 'näim]
Wie geht es Ihnen/dir?	How are you? [hau 'ah ju]
Danke. Und Ihnen/dir?	Fine thanks. And you? ['fain θänks, ənd 'ju]
Auf Wiedersehen!	Goodbye!/Bye-bye! [gud'bai/bai'bai]
Tschüß!	Cheerio! [tschiəri'əu]
Bis bald!	See you soon! [sih ju 'suhn]
Bis morgen!	See you tomorrow! [sih ju tə'mərəu]

UNTERWEGS

Auskunft

links/rechts	left [läft]/right [rait]
geradeaus	straight on [sträit 'on]
nah/weit	near [niə]/far [fah]
Bitte, wo ist ...?	Excuse me, where's ..., please? [iks'kjuhs 'mih 'weəs ... plihs]
Hauptbahnhof	main station ['mäin 'stäischn]
U-Bahn	underground ['andəgraund]
Flughafen	airport ['eəpoht]
Wie weit ist das?	How far is it? ['hau 'fahr‿is‿it]
Ich möchte ... mieten.	I'd like to hire ... [aid'laik tə 'haiə]
... ein Auto	... a car [ə 'kah]
... ein Fahrrad	... a bike [ə 'baik]
... ein Motorboot	... a motorboat [ə 'məutəbəut]

Panne

Ich habe eine Panne.	My car's broken down. [mai 'kahs 'brəukn 'daun]
Würden Sie mir bitte einen Abschleppwagen schicken?	Would you send a breakdown truck, please? ['wud ju sänd ə bräikdaun trak plihs]
Wo ist hier in der Nähe eine Werkstatt?	Is there a garage near here? ['is θeə‿ə 'gärahdsch 'niə 'hiə]

Tankstelle

Wo ist die nächste Tankstelle?	Where's the nearest petrol station? ['weəs θə 'niərist 'pätrəlstäischn]
Ich möchte ... Liter ...	... litres of ... ['lihtəs əw]
... Normalbenzin.	... three-star, ['θrihstah]
... Super.	... four-star, ['fohstah]
... Diesel.	... diesel, ['dihsl]
... bleifrei/verbleit.	... unleaded/leaded, please. [an'lädid/'lädid plihs]
Volltanken, bitte.	Fill her up, please. ['fil ər 'ap plihs]

Unfall

Hilfe!	Help! [hälp]
Achtung!	Attention! [ə'tänschn]
Vorsicht!	Look out! ['luk 'aut]
Rufen Sie bitte ...	Please call ... ['plihs 'kohl]
... einen Krankenwagen.	... an ambulance. [ən 'ämbjuləns]
... die Polizei.	... the police. [θə pə'lihs]
... die Feuerwehr.	... the fire-brigade. [θə 'faiəbri,gäid]
Es war meine Schuld.	It was my fault. [it wəs 'mai 'fohlt]
Es war Ihre Schuld.	It was your fault. [it wəs 'joh 'fohlt]
Geben Sie mir bitte Ihren Namen und Ihre Anschrift.	Please give me your name and address! [plihs giw mi joh 'näim ənd ə'dras]

ESSEN/UNTERHALTUNG

Wo gibt es hier …	Is there … here? ['is θeər … 'hiə]
… ein gutes Restaurant?	… a good restaurant [ə 'gud 'rästərohng]
… ein typisches Restaurant?	… a restaurant with local specialities [ə 'rästərohng wiθ 'ləukl ,späschi'älitis]
Gibt es hier eine gemütliche Kneipe?	Is there a nice pub here? ['is θeər‿ə nais 'pab hiə]
Reservieren Sie uns bitte für heute abend einen Tisch für 4 Personen.	Would you reserve us a table for four for this evening, please? ['wud ju ri'söhw əs ə 'täibl fə 'foh fə θis 'ihwning plihs]
Auf Ihr Wohl!	Cheers! [tschiəs]
Bezahlen, bitte.	Could I have the bill, please? ['kud ai häw θə 'bil plihs]
Haben Sie einen Veranstaltungskalender?	Have you got a diary of events? [həw ju got‿ə 'daiəri‿əw i'wänts]

EINKAUFEN

Wo finde ich …?	Where can I find …? ['weə 'kən‿ai 'faind …]
Apotheke	chemist's [kämists]
Bäckerei	baker's [bäikəs]
Fotoartikel	photographic materials [,fəutə'gräfik mə'tiəriəls]
Kaufhaus	department store [di'pahtmənt stoh]
Lebensmittelgeschäft	food store ['fuhd stoh]
Markt	market ['mahkit]

ÜBERNACHTUNG

Können Sie mir bitte … empfehlen?	Can you recommend …, please? [kən ju ,räkə'mänd … plihs]
… ein Hotel	… a hotel [ə həu'täl]
… eine Pension	… a guest-house [ə 'gästhaus]
Ich habe bei Ihnen ein Zimmer reserviert.	I've reserved a room. [aiw ri'söhwd‿ə 'ruhm]
Haben Sie noch …	Have you got … [həw ju got]
… ein Einzelzimmer	… a single room [ə 'singl ruhm]
… ein Doppelzimmer	… a double room [ə 'dabl ruhm]
… mit Dusche/Bad?	… with a shower/bath? [wiθ ə 'schauə/'bahθ]
… für eine Nacht?	… for one night? [fə wan 'nait]
… für eine Woche?	… for a week? [fə ə 'wihk]
Was kostet das Zimmer mit …	How much is the room with … ['hau 'matsch is θə ruhm wiθ]
… Frühstück?	… breakfast? ['bräkfəst]
… Halbpension?	… breakfast and evening meal? ['bräkfəst ən 'iwning 'mihl]

PRAKTISCHE INFORMATIONEN

Arzt

Können Sie mir einen guten Arzt empfehlen? — Can you recommend a good doctor? [kən ju ,räkə'mänd ə gud 'doktə]

Ich habe hier Schmerzen. — I've got a pain here. [aiw gotəə' päin 'hiθ]

Bank

Wo ist hier bitte … — Where's the nearest … [weəs θə 'niərist]

… eine Bank? — … bank? [bänk]

… eine Wechselstube? — … bureau de change? ['bjuərəu də 'schöhnsch]

Ich möchte … DM (Schilling, Schweizer Franken) in £ ($) wechseln. — I'd like to change … Marks (Austrian shillings, Swiss francs) into pounds (dollars).[aid laik tə tschäinsch … 'mahks ('ostriən 'schillings/'swis 'fränks) 'intə 'paunds ('doləs)]

Post

Was kostet … — How much does … ['hau 'matsch das]

… ein Brief … — … a letter … [ə 'lätə]

… eine Postkarte … — … a postcard … [ə pəustkahd]

… nach Deutschland? — … to Germany? [tə 'dschöhməni]

Zahlen

0	nought, zero [noht, siərəu]	19	nineteen [,nain'tihn]
1	one [wan]	20	twenty ['twänti]
2	two [tuh]	21	twenty-one [,twänti'wan]
3	three [θrih]	30	thirty ['θöhti]
4	four [foh]	40	forty ['fohti]
5	five [faiw]	50	fifty ['fifti]
6	six [siks]	60	sixty ['siksti]
7	seven ['säwn]	70	seventy ['säwnti]
8	eight [äit]	80	eighty ['äiti]
9	nine [nain]	90	ninety ['nainti]
10	ten [tän]	100	a (one) hundred ['ə (wan) 'handrəd]
11	eleven [i'läwn]		
12	twelve [twälw]	1000	a (one) thousand ['ə (wan) 'θausənd]
13	thirteen [θöh'tihn]		
14	fourteen [,foh'tihn]	10000	ten thousand ['tän 'θausənd]
15	fifteen [,fif'tihn]		
16	sixteen [,siks'tihn]	1/2	a half [ə 'hahf]
17	seventeen [,säwn'tihn]	1/4	a (one) quarter ['ə (wan) 'kwohtə]
18	eighteen [,äi'tihn]		

Menu

Speisekarte

BREAKFAST	FRÜHSTÜCK
coffee (with cream/milk) ['kofi (wiθ 'krihm/'milk)]	Kaffee (mit Sahne/Milch)
decaffeinated coffee [di'käfin,äitid 'kofi]	koffeinfreier Kaffee
hot chocolate ['hot 'tschoklit]	heiße Schokolade
tea (with milk/lemon) [tih (wiθ 'milk/'lämen)]	Tee (mit Milch/Zitrone)
scrambled eggs ['skrämbld 'ägs]	Rühreier
poached eggs ['pəutscht 'ägs]	verlorene Eier
bacon and eggs ['bäikn ən 'ägs]	Eier mit Speck
fried eggs ['fraid 'ägs]	Spiegeleier
hard-boiled/soft-boiled eggs ['hahdboild/'softboild ägs]	harte/weiche Eier
kippers ['kipəs]	Bücklinge
bread/rolls/toast [bräd/rəuls/təust]	Brot/Brötchen/Toast
butter ['batə]	Butter
honey ['hani]	Honig
jam/marmelade [dschäm/'mahməläid]	Marmelade/Orangen-marmelade
muffin ['məfin]	süßes Küchlein
porridge ['poridsch]	Haferbrei
yoghurt ['jogət]	Joghurt
fruit ['fruht]	Obst

HORS D'ŒUVRES/SOUPS	VORSPEISEN/SUPPEN
liver sausage ['liwə 'sosidsch]	Leberwurst
ham [häm]	Schinken
onion rings ['ənjən rings]	frittierte Zwiebelringe
shrimp/prawn cocktail ['schrimp/'prohn 'koktäil]	Krabben-/Garnelencocktail
smoked salmon ['sməukt 'sämən]	Räucherlachs
clear soup/consommé [kliə suhp/kən'somäi]	Fleischbrühe
cream of chicken soup [krihm əw 'tschikin suhp]	Hühnercremesuppe
oxtail soup ['okstäil suhp]	Ochsenschwanzsuppe
Scotch broth ['skotsch 'broθ]	dicke Gemüsesuppe mit Fleisch
vegetable soup ['wädschtəbl suhp]	Gemüsesuppe

FISH	FISCH
cod [kod]	Kabeljau
crab [kräb]	Krebs
eel [ihl]	Aal
haddock ['hädək]	Schellfisch
herring ['häring]	Hering
lobster ['lobstə]	Hummer
mussels ['masls]	Muscheln
oysters ['oistəs]	Austern
perch [pöhtsch]	Barsch
plaice [pläis]	Scholle
salmon ['sämən]	Lachs
sole [səul]	Seezunge
squid [skwid]	Tintenfisch
trout [traut]	Forelle
tuna ['tuhnə]	Thunfisch

MEAT AND POULTRY	FLEISCH UND GEFLÜGEL
barbequed (B-B-Q) spare ribs ['bahbəkjuhd 'speə ribs]	gegrillte Schweinerippchen
beef [bihf]	Rindfleisch
chicken ['tschikin]	Hähnchen
chop/cutlet [tschop/'katlit]	Kotelett
duck(ling) ['dak(ling)]	(junge) Ente
gammon ['gämən]	Schinkensteak
gravy ['gräivi]	Fleischsoße
ham [häm]	Schinken
hamburger ['hämböhgə]	dt. Beefsteak
Irish Stew ['aiərisch 'stjuh]	Eintopf mit Fleisch und Kartoffeln
kidneys ['kidnis]	Nieren
lamb (with mint sauce) [läm (wiθ 'mint 'sohs)]	Lamm (mit einer sauren Minzsoße)
liver (and onions) ['liwə(r ən 'anjəns)]	Leber (mit Zwiebeln)
minced beef ['minst 'bihf]	Hackfleisch vom Rind
mutton ['matn]	Hammelfleisch
pork [pohk]	Schweinefleisch
rabbit ['räbit]	Kaninchen
rissoles ['risəuls]	Frikadellen
sausages ['sosidschis]	Würstchen
shepherd's pie ['schäpəds 'pai]	Auflauf aus Hackfleisch, Zwiebeln und Kartoffelbrei
sirloin steak ['söhloin stäik]	Lendenstück vom Rind
turkey ['töhki]	Truthahn
veal [wihl]	Kalbfleisch
venison ['wänisn]	Reh oder Hirsch

VEGETABLES AND SALAD	GEMÜSE UND SALAT
baked beans ['bäikt 'bihns]	gebackene Bohnen in Tomatensoße
baked potatoes [bäikt pə'täitəus]	gebackene Pellkartoffeln
caesar salad ['sisə 'säləd]	Romagna-Salat mit Croutons und Parmesankäse
cabbage ['käbidsch]	Kohl
cauliflower ['koliflauə]	Blumenkohl
chef's salad ['schefs 'säləd]	Eisbergsalat mit Schinkenstreifen, Tomaten, Käsestreifen, Oliven
chips/French fries [tschips/'fränsch 'frais]	Pommes frites
corn-on-the-cob ['kohn‿on θə 'kob]	Maiskolben
cucumber ['kjuhkamba]	Gurke
fritters/ hash browns ['fritəs/'häsch bräuns]	Bratkartoffeln
leek [lihk]	Lauch
lentils ['läntils]	Linsen
mashed potatoes [mäscht pə'täitəus]	Kartoffelbrei
mushrooms ['maschrums]	Champignons
onions ['anjəns]	Zwiebeln
peppers ['päpəs]	Paprika
sweetcorn ['swihtkohn]	Mais
taco salad ['toko 'säləd]	Tacoschale mit grünem Salat, Hackfleisch mit Gewürzen, Tomaten, Käse, Oliven usw.

DESSERT AND CHEESE	NACHSPEISEN UND KÄSE
apple pie ['äpl 'pai]	gedeckter Apfelkuchen
brownie ['bräuni]	Schokoladenplätzchen
Caerphilly [kah'fili]	trockener, weißer Käse
Cheddar ['tschädə]	kräftiger Käse
Cheshire ['tschäschə]	Chesterkäse (mild)
cream [krihm]	Sahne
custard ['kastəd]	Vanillesoße
Danish blue ['däinisch 'bluh]	Blauschimmelkäse
fruit cake ['fruht käik]	Kuchen mit viel Korinthen, Rosinen usw.
fruit salad [fruht 'säləd]	Obstsalat
goat's milk cheese ['gəuts milk ,tschihs]	Ziegenkäse
ice-cream ['ais'krihm]	Eis
pancakes ['pänkäiks]	Pfannkuchen
pastries ['päistris]	Gebäck
rice pudding ['rais 'puding]	Reisbrei
stewed fruit ['stjuhd 'fruht]	Kompott

FRUIT	OBST
apples ['äpls]	Äpfel
apricots ['äiprikots]	Aprikosen
blackberries ['bläkbris]	Brombeeren
cherries ['tschäris]	Kirschen
dates [däits]	Datteln
figs [figs]	Feigen
gooseberries ['gusbəris]	Stachelbeeren
grapes [gräips]	Weintrauben
lemon ['lämən]	Zitrone
melon ['mälən]	Melone
oranges ['orindschis]	Orangen
peaches ['pihtschis]	Pfirsiche
pears [peəs]	Birnen
pineapple ['pain,äpl]	Ananas
plums [plams]	Pflaumen
pumpkin ['pampkin]	Kürbis
rhubarb ['ruhbahb]	Rhabarber
strawberries ['strohbris]	Erdbeeren

Beverages

Getränkekarte

ALCOHOLIC DRINKS	ALKOHOLISCHE GETRÄNKE
beer [biə]	Bier
bitter ['bitə]	halbdunkles Bier vom Faß
mild [maild]	dunkles Bier vom Faß
light/pale ale ['lait/'päil 'äil]	helles Flaschenbier
stout [staut]	Starkbier
lager ['lahgə]	helles Bier
red/white wine [räd/wait wain]	Rot-/Weißwein
dry/sweet [drai/swiht]	trocken/lieblich
table wine ['täibl wain]	Tafelwein
sparkling wine ['spahkling wain]	Sekt
cider ['saidə]	Apfelwein

SOFT DRINKS	ALKOHOLFREIE GETRÄNKE
soda water ['səudə ,wohtə]	Selterswasser
milk ['milk]	Milch
mineral water ['minrl ,wohtə]	Mineralwasser
fruit juice ['fruht dschuhs]	Fruchtsaft
root beer ['rut ,biə]	süße, dunkle Limonade
tomato juice [tə'mahtəu dschuhs]	Tomatensaft